Dresden für Liebhaber
99 Orte überraschend. anders.

Impressum

© edition Sächsische Zeitung · SAXO'Phon GmbH
Ostra-Allee 20 · 01067 Dresden · www.editionsz.de

Autor: Dr. Peter Ufer

Fotograf: Jörg-R. Oesen

Grafische Gestaltung: Thomas Walther, BBK
Satz, Bildbearbeitung: www.oe-grafik.de
Druck: Druckhaus Dresden

ISBN 978-3-938325-81-0

Peter Ufer

Dresden *für Liebhaber*

99 Orte

überraschend.
anders.

Mit Fotografien
von Jörg-R. Oesen

edition Sächsische Zeitung

Inhaltsverzeichnis

Die Stadt, der Fluss und die Illusionen

Wer Orte in Dresden sucht, kommt an der Elbe nicht vorbei. Am Meer ist Rauschen, am Fluss Stille. Auch wenn er überläuft, wenn man absäuft. So wie 1940, 1920, 1900, 1890, 1876, 1862, 1845, 1830, 1799, 1784, 1698, 1655, 1651, 1531 oder 1501. Oder so wie 2002. Und immer wieder.

Da zeigt sich die Elbe mächtig, großstadtverdächtig, stromschnell, gefährlich im immerwährenden Steigen ohne sich aufhalten zu lassen von den weichen Deichen oder den gestapelten Sandsackmauern. Wenn das Wasser will, kommt es überall hin. Hinfällig jedes Abdichten. Nasse Keller sind ärgerlich, aber geraten zur Banalität, wenn der Pegelstand das Stubenfenster übersteigt. Der Dresdner lebt mit seinem Fluss. Er muss mit ihm leben. Er wollte es so. Er siedelte hier vor über achthundert Jahren. Wegen des Flusses.

Der lebende Widerspruch

Wenn einer in Dresden Orte sucht, dann muss er durch den Fluss. Dann findet er unvermutet das Bild Neptuns, den jeder sonst im Ozean erwartet. Aber im Garten des Krankenhauses Friedrichstadt reckt der Meeresgott in einem Muschelwagen stehend seinen Dreizack in die Höhe, an seiner Seite Amphitrite. Wer weiter sucht, findet über 300 Brunnen, 309 Brücken und im Zwinger das Nymphenbad. Wie der Fluss strömt die Erinnerung, die Erfahrung, die Verletzung, die Verklärung, die Hoffnung, die Voraussicht. Alles bewegt sich. Aber fließt der Fluss durch die Stadt oder die Stadt am Fluss vorbei? Ein Ort in Fahrt oder im Fahrwasser? Ebbe oder Flut? Beides wechselt, geht fließend ineinander über. Deshalb lebt der Widerspruch und hebt sich auf. Der in Dresden geborene Schriftsteller Volker Braun spricht von Dresden als lebendem Widerspruch, vom Tal der Ahnungen.

Ein schöner Vergleich, denn noch immer, über zwei Jahrzehnte nach dem Mauerfall, hält sich die Formel vom Tal der Ahnungslosen vor allem bei Besuchern aus Bayern und Berlin. Dies gibt ihnen Gelegenheit, sich selbst für ahnungsvoll zu halten. Der Dresdner allerdings, auch als er noch kein Westfernsehen sah, dachte sich stets seinen Teil. Das verschafft ihm das Selbstbewusstsein, dass er Ahnung hat. Von allem. Auch ahnt er stets etwas. Hinter allem. Ahnungen zu haben, ist ein großer Vorzug. Immerhin heißt das, die Ahnungslosigkeit überlebt zu haben.

Immer taucht Neptun auf

Die hatte sich trotz allem rasant ausgebreitet. Die Menschen vergaßen die Gewalt der Wassermassen, denn der Fluss trieb es in den 40 Jahren der DDR nie so wild wie jetzt. Die Elbtalbewohner konnten glauben, die Natur zu beherrschen. Möglich, dass damit die Missachtung begann. Das Rinnsal verlor an Macht, weil es nicht mächtig seinen Wasserspiegel hob. Zudem stank die Elbe erbärmlich, Flocken schwammen dick in der Flüssigkeit, weil Fabriken im sozialistischen Bruderland ČSSR und im eigenen Land, beispielsweise in Heidenau, dem alten Heidegrau, ihre Abfälle ungehemmt einspülten.

Stinkend ließ sich die Elbe nicht ignorieren. Die Bitternis verbreitete sich links und rechts des Flusses unter den Menschen. Wer so schonungslos mit dem Wasser umgeht, der kann nicht umgänglich sein. Es war eine Ahnung, die Gewissheit wurde. Dresdner lassen sich ihre Landschaft nicht versauen. Sie kennen sie anders. Schließlich gehörte das Elbebaden zur liebsten Freizeitbeschäftigung. Schon als Kind bekam man von der Großmutter die Fotos oder Postkarten gereicht, wo die Badeanstalten auf dem Wasser lagen und massenhaft Köpfe wie kleine Bojen über den Wellen schwammen. Die Eltern paddelten später, als von Badeanstalten längst nichts mehr zu sehen war, mit dem Faltboot elbabwärts. Sie fuhren morgens mit dem Zug bis nach Königstein oder sogar bis Bad Schandau, auf dem Buckel das zusammengeklappte Schiff. Nach dem Aufbau ließen sie es zu Wasser, bepackten es mit Vorräten wie für eine Weltumseglung. Und tatsächlich, als sie draußen waren in der Mitte des Flusses, zogen sie ein Segel an dem dürren Mast nach oben, legten die Füße hoch, ließen sich treiben und träumten vom Ziel an der Elbmündung. Nur der Fluss ist grenzenlos.

Die Fortbewegungsart Immer-die-Elbe-entlang braucht Zeit, die sich heute keiner mehr nehmen will. Es geschieht nichts mehr zu seiner Zeit, sondern alles gleichzeitig. Nach den Notzeiten kamen die Zeitnöte. Da macht Dresden keine Ausnahme, aber stemmt sich gegen den nötigenden Zeitstrom.

Die größte und älteste Raddampferflotte der Welt ist ein Sinnbild dafür, gegründet 1836, als zwölf Dresdner Bürger das Privileg zur Dampfschifffahrt im Königreich Sachsen erhielten. Zum Saisonstart oder zur großen Riverboat-Shuffle während des Dixieland-Festivals im Mai sammeln sich vor der Brühlschen Terrasse die Dampfer, öffnen die Ventile. Bis auf die Höhen zum Weißen Hirsch oder nach Leubnitz tönen die Schiffstrompeten.

Der Fluss kommt von Ferne und fließt immer weiter, mal majestätisch, mal bedenklich schmal, mal gefährlich über die Ufer schwemmend. Doch er fließt. Immer. Das gibt dem Dresdner Gelassenheit in der Hektik, die immer mal wieder neu auftauchende Weltverbesserer verbreiten. Da muss schon viel Wasser die Elbe runter laufen, bis nach Hamburg, bis einer Erfolg hat, der nur große Blasen macht. Selbst wenn er es ernst meint.

Wer wirklich ernst macht, der bleibt länger. Der fährt mehrmals mit dem Schiff die Elbe hoch und runter, staunt zuerst über den Dreiklang von Stadt, Hang, Fluss. Irgendwann kann er die Gebäude und Schlösser und Türme und Biergärten am vorübergleitenden Ufer aufzählen, erklärt neuen Gästen, wo der Mundwassererfinder Lingner wohnte oder der Fernsehröhrenerfinder Ardenne oder Schiller, Körner, Wagner, Weber. Oder er erzählt, dass da am Elbhang der Bassbariton Theo Adam, der Komponist Udo Zimmermann, der Sänger und Entertainer Gunther Emmerlich und seit kurzem der neue Opernstar René Pape Häuser besitzen. Da, am sicheren südlichen Elbhang, leben auch der Pianist Peter Rösel, der Dirigent und frühere Musikfestspieldirektor Hartmut Haenchen, der Intendant der Herkuleskeule Wolfgang Schaller, der Ex-Landtagspräsident Erich Illtgen. Und etwas weiter flussaufwärts in Pappritz wohnt der einstige Ministerpräsident Georg Milbradt.

Unverbauter Überblick

Überhaupt ist vom Fluss aus vieles erklärbar, was an Land passiert. Es ist diese Tal-Weitsicht, die Künstler schon immer romantisch schwelgen ließ. Dresdner Stadtbilder sind wie selbstverständlich oft Flussbilder. Von Pillnitz bis Übigau. Genau jene Flusslandschaft, die zum Unesco-Weltkulturerbe ernannt wurde. Es reizt der unverbaute Blick, der Überblick. Wer will den verlieren? Der Dresdner lässt sich den nicht verbauen.

So entbrannte eine Debatte um das, was auch im stinkenden Elbzeitalter nicht verloren ging, aber jetzt am Waldschlösschen einen Stahlbogenüberleger bekam. Es sind die Elbauen, die überlebten. Hier kann sich der Fluss schön ausbreiten in seinem Bett und überflutet nur die nahen Stadtteile, wenn nicht wie 2002 das Wasser von allen Seiten kommt. Der Brückenbau zu Dresden entzweite den Bürgersinn, statt zu verbinden. Die Unesco sah die Stadt zerschnitten, das Welterbe beschädigt und entzog den Titel. Eine Schmach. Jetzt biegt sich über die Elbe diese Brücke, die so gar nicht schön sein, nicht passen will in diese Flussauenlandschaft.

Der Dresdner feiert trotzdem, vielleicht aus Trotz jetzt grade. Die Festkultur gehört zu Dresden wie der Fluss. Besonders erhebend lässt es sich feiern entlang der Pillnitzer Landstraße. Das ist so, weil hier nichts verordnet wurde, sondern der Bürger selbst auf die Idee kam, das zu tun, was er gern will. Ein Bürgerfest, das sich inzwischen auch den Zwängen des Kommerzes stellen muss. Hier lebt die Seele, der Mythos und da taucht auch Neptun plötzlich am Strand wieder auf. Dresden zeigt zudem an der Elbe Kino, den ganzen Sommer lang flimmern die Filmnächte am Elbufer vor der angeleuchteten Altstadtsilhouette.

Hier sammelt sich Verletzlichkeit. Denn zwischen dem Barock stehen Plattenviertel. Die kratzen an den Wunden des Bildungsbürgertums. Die einstigen Massenunterkünfte der Arbeiterklasse verschandeln den Residenzort. Die sozialistische Schnellarchitektur ist nichts weiter als ein Gipsverband am gebrochenen Herzen. Wer als Dresdner die Chance hatte, zog sich zurück in die Villen am Stadtrand, pflegte die Häuser, soweit das ging.

Jetzt steht die Investorenarchitektur am Pranger, weil sie aus den Schubladen zieht, was schon Köln oder Hamburg in den 60er- und 70er-Jahren verschandelte. Das hat Dresden nicht verdient, nicht nötig. Die Flussfassung muss edel sein. Und unverwechselbar.

Wer vom Dampfer aus das Stadtpanorama betrachtet, erfährt, dass die Flussfassung ihre Fassung nicht verliert. Das Kongresszentrum, der Erlweinspeicher als neues Hotel und der Landtag bilden inzwischen eine faszinierende Linie. Modernität in gelungener Form, den Flusslauf aufnehmend, spiegelnd in den Glasfassaden. Gegenüber das Japanische Palais im gleichen Farbton wie der frisch gestrichene Hotel-Speicher. Ein gelungenes Ensemble, das sich fortsetzt von der Hofkirche bis zur neuen Synagoge, gegenüber das Hotel Bellevue, schöner Blick, Blockhaus und Finanzministerium. Überall Sandstein oder dessen Andeutung, überall Kupfer, naturvergrünt oder chemisch geschützt in Metallfarbe belassen.

Weiter hoch die Elbe kommen dann die Hänge, die Schlösser, die kleinen und die großen, die Villen, Loschwitz auf der einen, Striesen, Blasewitz auf der anderen Seite, später die Dörfer in der Stadt. Unfassbar welch reiche architektonische Landschaft, welch Grün. Immer wieder dieses Grün. Man fahre im Mai mit dem Dampfer in Richtung Pillnitz, an Hosterwitz vorbei, wo Carl Maria von Weber mit seiner Familie den Sommer verbrachte, wo heute Bürger das Keppschloss bewohnen. Überall bewohnter Grünwald oberhalb der Ufer. Dort lebt es sich. Dort überlebte schon immer die Seele Dresdens, die aber auch anderswo zu finden ist, auch in den Plattenbauten.

Zwischen dem Grün winken sich die Menschen zu, von Bord zu den Wiesen und von den Wiesen an Bord. In den Auen lungern die Dresdner mit ihren Gästen, mit Freunden, grillen, süffeln Rotwein, lieben sich im Gras, schieben Kinderwagen, werfen Kiesel zum Mehrfachsprung über den Wasserspiegel, strampeln den Elberadweg massenhaft hoch und runter oder rennen sich die Lunge voll frische Luft. In den Biergärten klirren die Gläser und dort nuschelt der Dresdner sich die Neuigkeiten über den Stammtisch. Abends dann die Stille. Einmalige Stille am Fluss mitten in der Stadt. Da stört jedes Rauschen.

Der abgerüstete Park des Alaun

Lässig lungern die Neustädter auf der Wiese ihres Alaunparks und picknicken bis in die frühen Morgenstunden.

1

Der Alaunpark liegt dazwischen. Zwischen abgewohnten Mietshäusern und kühlmodernen Reiheneigentum, Kinderwindeln und Hundeköteln, zwischen Exerzierplatz und Linksalternative. Er liegt zwischen den Welten, ein Beispiel für den sinnvollen Umgang mit aufgerüsteten Exerzierplätzen.

Heute lungern hier lässig Kinder zwischen ihren Eltern auf dem Boden, picknicken bis in den späten Abend, spielen Fuß- oder Federball, werfen mit eisernen Kugeln zum Bowlen. Daneben proben Halbstarke die Kraft ihrer Hunde, andere lernen Radfahren oder können es so gut, dass sie ohne Rücksicht auf Verluste zwischen den Fußgängern durchrasen, Raucher gruppieren sich zu Qualmwolken. Zum Betreten der Büsche am Rand gehört Mut, fäkale Tretminen behindern die Bewegung oder Offenställe an Männerhosen belästigen den Blick. Unvergessen sind die Sommernächte, Kiffen gehört dazu wie die Lust testosterongesteuerter Jünglinge oder das Kichern der Mädels. Hier ist alles möglich.

Noch vor 100 Jahren rammelten Regimenter im Stechschritt über das Grünfeld. An der Nordseite des Parks, der damals als Exerzierplatz diente, stand seit 1870 eine Kaserne für das 108. Königlich-Sächsische Schützenregiment »Prinz Georg«. Die Soldatenschließfächer wurden 1945 zerstört und im Jahr 1954 abgetragen. Es folgte die endgültige Abrüstungsmaßnahme. Die Stadt gestaltete den Platz 1960 zur Grünanlage um. Der Alaunplatz wandelte sich zum Alaunpark, allerdings mit einem Zwischenspiel als »Platz der Thälmannpioniere«. 1989 bekam die Grünfläche wieder den Namen Alaunplatz, aber jeder Dresdner sagt Alaunpark.

Alaun klingt wie ein Zwischenton, ein a, das die Tonleiter verließ. Aber seinen Ursprung erklären nicht Musiker, sondern Chemiker. Sie nannten früher kristallisiertes wasserhaltiges schwefelsaures Doppelsalz von Kalium und Aluminium (Kaliumaluminiumsulfat) Alaune. Schon die alten Ägypter verwendeten es als Flammschutzmittel für Holz. In der Färberei dient es zum Beizen von Stoffen, in der Papierindustrie zum Leimen von Papier und in der Gerberei zum Gerben von Leder. Die Geschichte des Alaunplatzes beginnt 1765 mit einer Alaunflusssiederei, die in der Nähe stand. Die Straße, die zu dieser Siederei führte, wurde ab Ende des 18. Jahrhunderts als »Alaungasse« bezeichnet, 1862 wurde sie in »Alaunstraße« umbenannt. Zwischenzeitlich änderte sich der Park grandios, aber jetzt kann er so bleiben. Denn zwischen den Welten ist es am schönsten.

Alaunpark

Bischofsweg | 01099 Dresden

Sächsischer König und deutsche Einheit

Zwillingbrunnen sprudeln stürmische Zeiten auf dem Albertplatz, der seit seiner Entstehung die runde Form gehalten hat.

2

Dieser Platz ist rund. Er hält seine Form schon seit Jahren. Neun Straßen kommen auf den Platz zu, laufen in das Rondell, verlieren sich, gehen ineinander über, ohne sich zu kreuzen. Wer hierher kommt, der will weiter. Die Wagen von fünf verschiedenen Straßenbahnlinien spucken Menschen aus und schlucken sie wieder, verteilen sie in alle Himmelsrichtungen der Stadt. Ein Umsteigeplatz für Eilige, die keinen Blick haben können für die Details. Aber es gibt auch Menschen, die hier ihren Platz gefunden haben.

Im Sommer hocken unter den Bäumen Punks, schlafen, streicheln ihre Hunde wie die erste Geliebte. Auf Bänken sitzen Rentner, die nicht weiter kommen, weil sie die Kraft verließ oder die Bahn Verspätung hat. Manch einer sitzt dort, weil er nicht weiß, wohin. Auf dem Albertplatz gibt es keine Langeweile. Das ist wie Fernsehen ohne Werbung, immer erzählt einer beim Vorbeigehen eine Geschichte. Wie er läuft, verrät, was ihm geschah.

Dieser Platz ist vollkommen wie kein zweiter in der Stadt. Zwischen den Straßen und Gleisen grünen Parks, zwei Brunnen sprudeln als gegensätzliche Zwillinge. Der eine als »Stürmische Wogen«, der andere als »Stilles Wasser«, entworfen 1894 vom Bildhauer Robert Dietz. Der stürmische Zwilling lag nach dem Krieg am Boden und kam zunächst nicht wieder. An seiner Stelle stand ein Ehrenmal für die Gefallenen der Roten Armee. Der Platz bekam ihren Namen. Ein Jahr später schon nahmen die Stadtverordneten ihre Entscheidung zurück und plötzlich stand auf den Straßenschildern »Platz der Einheit«. Denn die Sozialdemokraten und Kommunisten vereinigten sich zur Sozialistischen Einheitspartei Deutschlands (SED), ein Zwangsakt mit Folgen, der seine Symbole brauchte.

Die Ironie der Geschichte wollte es, dass die Bürger der DDR die SED abschafften und die neuen Abgeordneten des Stadtrates dem Platz 1990 seinen Namen gaben, den er von 1871 bis 1945 trug: Albertplatz, zu Ehren des sächsischen Königs Albert. Dabei wäre »Platz der Einheit« nicht mehr falsch gewesen, denn Deutschland vereinte wieder, was zusammengehörte. Als der 20. Jahrestag der Einheit gefeiert wurde, kamen neue Stadträte auf die Idee, den Erfolg mit einem Einheitsplatz zu ehren. Die Linken lachten sich in die Faust.

Seit 1817 liegt der Platz an dieser Stelle, er symbolisiert das Wachstum der Stadt. Verweilen lohnt sich; wer eilt, verpasst die Details.

Albertplatz

Jüdisches Geheimnis am Travestie-Theater

Grabstein auf dem alten jüdischen Friedhof, der nur auf Anmeldung besucht werden kann. Der Verein Hatikva öffnet gerne die Tore.

3

Zwischen Travestie-Theater und Lutherkirche liegt in der Dresdner Neustadt der kleinste Friedhof der Stadt. 3500 Quadratmeter Geschichte, jüdische Geschichte. 1263 Gräber zeugen von dieser Historie. 800 Grabsteine, nach Osten, Richtung Jerusalem ausgerichtet, stehen noch heute zwischen Linden- und Ahornbäumen, obwohl hier seit über 140 Jahren niemand mehr begraben wird.

Bevor es den Juden in Dresden überhaupt möglich war, ihre Toten zu bestatten, verging Jahr um Jahr. Letztlich führte eine, nennen wir es Spende, dazu, dass Friedrich August der III. 1750 die Erlaubnis erteilte, dass Juden außerhalb der Stadtmauern Begräbnisse veranstalten durften. Allerdings nicht »am hellen Tage, weil dies zu viel Aufhebens« gemacht hätte.

Nach der Judenverfolgung bis zum Ende des Mittelalters siedelten sich Ende des 18. Jahrhunderts wieder Juden in Dresden an. Sie mussten ihre Toten übers Erzgebirge bis nach Teplitz bringen. Der jüdische Diplomat Issachar Berend Lehmann fragte deshalb erstmals 1715 bei August dem Starken an, ob es möglich sei, in Dresden die Leichen zu begraben. Der erwog ein Ja, schließlich hatte ihm Lehmann mit Einfluss und Geld geholfen, die Krone in Polen zu bekommen. Er ließ einen Ort suchen, welcher »nicht infam sei«, aber die Gegenwehr war so groß, dass er von der Idee abließ. Erst 35 Jahre später gelang es Graf Heinrich von Brühl, bei August III. die Grabstätte durchzusetzen. Die Vermittlungsspende von 1000 Talern half dabei.

Die Juden bekamen einen Friedhof an der Prießnitz. Und dies auf ewige Zeiten. Zunächst durften sie nur flache Grabsteine setzen, mussten für jedes Begräbnis eine Gebühr zahlen. 1750 eröffnete der jüdische Friedhof als erster in ganz Sachsen. Über hundert Jahre stand er offen. Weil dann jedoch kein Platz mehr blieb, beschloss der Stadtrat die Schließung für 1869. Ein neuer jüdischer Friedhof öffnete neben dem Trinitatisfriedhof auf der Fiedlerstraße.

Der alte jüdische Friedhof indes blieb bestehen, ein verwunschener Ort, der mal gut gepflegt, mal arg missachtet, mal schlicht ignoriert alle Zeiten überlebte. Hinter den Mauern lag er still wie ein kleines Geheimnis. Vielleicht rettete ihn das, denn selbst während der Zeit des Nationalsozialismus blieb er unversehrt. Heute pflegt ihn der Verein Hatikva, der neben dem Friedhof seinen Sitz hat. Auf den Grabsteinen, zumeist aus Sandstein, stehen Inschriften und Zahlen, zum Teil noch zu lesen. Großartige Geschichten, jüdische Geschichten.

Alter Jüdischer Friedhof

Pulsnitzer Straße | 01099 Dresden
Telefon 0351 6560710 | www.dresden.de

Die Ruhestätte der Katholiken

Berühmte Grabstätten zieren den Alten Katholischen Friedhof. Hier ruht zum Beispiel der Fotograf der Königin Carola.

4

Hier fanden berühmte Menschen ihre letzte Ruhestätte: Carl Maria von Weber, Friedrich von Schlegel, Gerhard von Kügelgen und Ermenegildo Antonio Donadini. Seinen Namen verbinden Kenner vor allem mit dem königlichen Dresden. Denn der Herr fotografierte sein Leben lang, er arbeitete als Maler und königlicher Fotograf. 1847 in Spalato, dem heutigen Split, geboren, kam er 1881 aus Wien nach Dresden, wo er eine Professur für figürliche Malerei sowie die Leitung des Ateliers für Theaterdekoration an der Akademie für Kunstgewerbe übernahm. Er muss charmant und diskret gewesen sein, lehrte Königin Carola das Zeichnen. Die öffnete ihm alle Türen, die er mit seinem Fotoapparat durchschritt. Über 30 Jahre lang entstand so zwischen 1881 und 1914 ein Bildnis der historischen Stadt.

Donadini nahm die Fotos als Vorlagen für seine Bilder, er inszenierte nicht, sondern hielt das Objektiv in den Alltag. Arbeiter beim Bau der Carola-Brücke sind genauso zu sehen wie die Gemächer der Königin. Bis heute existieren 410 Glasnegative in der Dresdner Fotothek. Ein Schatz. Donadini hinterließ aber ebenso Gemälde. Im Albertinum befindet sich eines der wenigen erhaltenen Exemplare, die Ansicht vom Eliasfriedhof, dem ältesten erhaltenen Friedhof der Stadt. Donadini hätte sich vorstellen können, dort begraben zu werden, auf diesem historischen Feld, das 1680 eilig angelegt wurde, um die Tausenden Toten der verheerenden Pest begraben zu können. Doch der Eliasfriedhof war bereits geschlossen, schon 1876 hatte dort die letzte Beerdigung stattgefunden.

So fand Donadini nach seinem Tod 1936 auf einem anderen historischen Friedhof seine letzte Ruhestätte: auf dem Alten Katholischen Friedhof, der 1724 als erste katholische Begräbnisstätte Dresdens eingeweiht wurde. Im streng protestantischen Dresden glich diese Einweihung einer kleinen Revolution. Bis dahin waren katholische wie auch jüdische Friedhöfe in der Stadt verboten. August der Starke erteilte 1720 den Auftrag, den katholischen Friedhof anzulegen, denn um die polnische Krone zu erringen, war er konvertiert. Um die Protestanten nicht zu sehr herauszufordern, kam der Friedhof für die Katholiken ins damalige Kammergut Ostra. Ein Streifzug über diesen Friedhof gleicht einem Gang durch die Geschichte. Denn neben Donadini liegen die großen Katholiken der Stadt: Dichter, Komponisten, Sänger, Bildhauer, Schauspieler, Philosophen, Prinzen. Ein königliches Bildnis für die Nachwelt.

Alter Katholischer Friedhof

Friedrichstraße 54 | 01067 Dresden
www.dresdner-stadtteile.de

Wenn der Baron in den Mond guckt

Manfred von Ardenne ließ sich Ende der 50er-Jahre die kleine Sternwarte in sein Institut bauen. Heute steht sie allen offen.

5

Er guckt in den Mond. Und dahinter. Und weil ihm das Spaß macht, baut er in seinem Garten eine Sternwarte, so wie andere einen Baum pflanzen. Bücher hatte er schon geschrieben, Söhne in die Welt gesetzt, den ersten vollelektronischen Fernseher entwickelt, erstmals gelingt ihm die Übertragung von Fernsehbildern – und er hilft den Sowjets, die Atombombe zu bauen. 1956 benötigt er einen Refraktor von Zeiss und bekommt ihn. So funktioniert das Ardenne-Prinzip.

Ein Baron, der das Abitur nicht absolvieren will, aber trotzdem zum Studium zugelassen wird, es nicht vollendet, aber eine eigene Forschungseinrichtung gründet, für die Bombe den Stalinpreis bekommt und 1989 Ehrenbürger der Stadt Dresden wird. Warum sollte man ihm eine Sternwarte verweigern, wenn er sie doch für seine Forschungen braucht. Außerdem liebt er die Idee, Schülern der Stadt das Weltall zu erklären, schließlich wäre die Erde noch vor wenigen Jahren fast in die Luft gegangen. Da oben hinter dem Mond sieht alles so friedlich aus und doch ist alles in Bewegung.

Die Sternwarte öffnet ihr Dach bis heute. Nach Ardenne's Tod war sie zehn Jahre geschlossen, keiner schien sich mehr für die Himmelskörper zu interessieren. Die Erde war kompliziert genug. Ohne den Schutz des Barons hätte das private Institut da oben auf dem Weißen Hirsch untergehen können. Aber es lebt weiter. Die Wissenschaftler forschen in der Medizintechnik, andere beschichten Glas in der Ardenne-Anlagentechnik, die vor allem in China beste Geschäfte betreibt. In Shanghai eröffneten sie eine Niederlassung, weil dort Glasriesen aus dem Schwemmland wachsen. Jeder Riese ein Markt für Glas, das das Sonnenlicht brechen soll oder Energie daraus produziert. Das Gute kommt von oben, man muss es nur für sich zu nutzen wissen.

Vor allem muss man wissen, was es alles da oben gibt. Ardenne hätte sich gefreut über den Sinneswandel seiner Nachfolger. Irgendwann entdeckten sie die Sternwarte wieder, eröffneten zum 100. Geburtstag des Barons das runde, kleine Haus. Der Zeiss-Refraktor glänzt; eine echte Rarität, von der nur sechs Stück auf der Welt existieren, darf wieder durchschaut werden. Objektdurchmesser 200, Brennweite 3000 Millimeter. Wenn der Himmel keinen Weitblick zulässt, bleibt das Dach zu, aber er wird trotzdem sichtbar. Künstlich. 20 Besucher dürfen staunen, aber nur, wenn sie sich vorher angemeldet haben.

Ardenne-Sternwarte

Plattleite 27 | 01324 Dresden
Telefon 0351 2637-120 | www.sternwarte-dresden.de

Eine königliche Lügengeschichte

Über den Daumenabdruck Augusts des Starken auf der Brühlschen Terrasse erzählen sich Dresdner die wunderlichsten Storys.

6

Natürlich war er das. Der Barockfürst quetschte mit seinem Daumen das Metall nach unten. Natürlich. Schließlich erzählen das hier auf der Brühlschen Terrasse Großväter Jahr um Jahr ihren Enkeln. So lernen sie August kennen, den starken Sachsen-König, der eigenhändig das Geländer niedergedrückt haben soll, zum Frühsport Hufeisen auseinanderbog, wenn Gäule durchgingen, Kutschen stoppte, abends fässerweise Meißner Wein soff, danach die Zinnbecher zerdrückte, zwischendurch Moritzburger Wildschweine schoss, grillte, verschlang, nebenbei Weiber im Akkord flachlegte und so viele Kinder erliebte, wie das Jahr Tage zählt.

Schaltjahre später begreifen die Knaben die Großvaterlügen, denn welcher August hat schon solch einen Megadaumen. August war nur Kurfürst in Sachsen, verriet für die polnische Königskrone seinen protestantischen Glauben, kümmerte sich wenig um seine acht Kinder, war 176 Zentimeter groß und wog schon mit 42 Jahren 121,4 Kilogramm. Aus heutiger Sicht ein mittelgroßer, karrieresüchtiger, übergewichtiger Rabenvater. Immerhin stimmt es, dass August über die Brühlsche Terrasse schlenderte. Als Teil der Dresdner Befestigungsanlagen wurde der schönste Balkon Europas im 16. Jahrhundert errichtet. Der Name geht zurück auf Augusts Hofvertrauten, seinen Minister Heinrich von Brühl, welcher auf der Festungsanlage eine Galerie, eine Bibliothek, das Belvedere, ein Palais und eine Gartenanlage errichten ließ. Eine Maßnahme adliger Abrüstung, denn als militärische Anlage war die Festung danach nicht mehr zu gebrauchen.

Am östlichen Abschluss, gleich neben dem Daumenabdruck, stand einst die Jungfernbastei, 1617 bis 1653 ließ der Adel sich dort ein Lusthaus im italienischen Renaissancestil errichten. Deshalb stolzierte August gern über die 500 Meter lange Terrasse, aber auch weil er sehen wollte, ob in dem geheimen Labor unterhalb der Bastei das Geheimnis der Goldherstellung gelüftet wurde. Wurde es nicht. Dafür erfand dort im November 1707 der einstige Apothekergeselle Johann Friedrich Böttger mit Hilfe von Ehrenfried Walther von Tschirnhaus das erste Porzellan Europas.

Das ist die Wahrheit und nichts als die Wahrheit. Beim Daumenabdruck kommt zum Schluss die Ernüchterung: Das Geländer kam erst 100 Jahre nach dem Tod von August an die Brühlsche Terrasse und in den 70er-Jahren sägten Diebe den Daumenabdruck ab. Monatelang fehlte er, war nicht auffindbar. Irgendwann ersetzten Handwerker das Stück. Aber das behalten die Großväter lieber für sich.

Augusts Daumenabdruck

Brühlsche Terrasse 1 | 01067 Dresden

Eine Pappel steht in Babisnau

Auf dem Zughübel 330 Meter über Dresden steht die Pappel als Wahrzeichen. Von hier ist der Blick über das Elbtal einzigartig.

7

Dem Baum fehlt die Krone und dennoch ist er die Krönung. Mächtig und knorrig steht die Pappel 330 Meter über der Stadt auf dem Zughübel. Unter ihr hockt Dresden zwischen seinen Elbhängen wie eine Eisenbahnplatte mit Liebe zu jedem Detail. Man ahnt die Kraft des Tales. Von hier oben bietet sich ein einmaliger Weitblick. Völlig konkurrenzlos. Gegenüber am anderen Elbhang steht zwar der Fernsehturm, doch die Betreiber sperrten ihm die Gäste aus. Kein Blick nirgends. Nur wer sich vor der Babisnauer Pappel um sich selbst dreht, der sieht das Dresdner Land ganz, von Radebeul bis ins Erzgebirge, dazwischen die Sächsische Schweiz. Wie Maulwurfshügel auf einer Wiese lagern dort der Große und der Kleine Bärenstein, der Lilienstein und der Königstein. Manchmal alle Sandsteine zum Greifen nah, manchmal fern hinterm Nebel, selten unsichtbar.

Dies ist kein Ort um festzustellen, woher der Wind weht. Hier stürmt es zu allen Zeiten von allen Seiten. Der Baum hielt den Stürmen schon über 200 Jahre stand. Das ist höchst ungewöhnlich, denn Pappeln haben sonst eine Lebenserwartung von 150 Jahren. Doch hier über Dresden schlug Populus nigra dicke Wurzeln, seit sie der Gutsbesitzer Johann Gottlieb Becke 1808 als Grenzmarkierung pflanzte. Nur einem Blitz musste die Schwarze Pappel ihre Krone opfern. Das war 1967, als die DDR noch glaubte, eine Ewigkeit zu überleben. Das Land ist tot, die Pappel lebt, ringsum zeigen sich im Frühjahr blühende Landschaften. Wenn der Baum blüht, so heißt es, wird alles gut, dann geht ein Krieg zu Ende. So war das im Deutschen Krieg 1866, im Deutsch-Französischen Krieg 1871 und 1918, als der Erste Weltkrieg endlich dem Frieden weichen musste. Man will das gerne glauben.

Heute stört keiner im Schützengraben, sondern das Naturdenkmal dient als Wanderziel. Ausflügler pilgern in Scharen zu dem Baum bei Babisnau. Egal zu welcher Jahreszeit. Ist es warm, lagern Familien mit Picknickkorb im Schatten der Blätter. Silvester geht unter den kahlen Ästen die Party ab, denn von hier sieht man am besten, wie der Stadt zum Jahreswechsel ein knalliges Licht aufgeht.

Die Pappel ist von keiner Seite zu verfehlen, sie steht weithin sichtbar auf ihrem Hügel. Doch nicht täuschen lassen: Der Baum ist nicht mehr allein. Neben ihm stehen Sträucher, und Mitglieder des Landesvereins Sächsischer Heimatschutz pflanzten 2006 eine junge Schwarzpappel, einen Enkel-Baum, der groß sein soll, wenn der alte schwach wird.

Babisnauer Pappel

Babisnau
www.arboristik.de/pappel

Die Stadt verleiht Luftballons Flügel

Ballons steigen am Elbufer auf. Bei der richtigen Windrichtung fahren die Passagiere direkt an den Kuppeln der Kirche vorbei.

8

Sie sind Profis, kommen mit Jeep und Hänger, aus dem sie ein Knäul aus Tuch und Stricken holen. Sie legen das Textil auf die Wiese, stellen einen Lüfter davor. So geht es los. Dann macht der Rotor Wind und bläst Luft in das Riesentuch, das in die Höhe geht, sich als Ballon entpuppt. Ein Luftballon. Sobald es wärmer wird, schweben sie über der Stadt wie Eintagsfliegen über einem Obstkorb.

Sie lassen sich treiben und fahren mit dem Wind ans andere Ende der Stadt. Zuerst der stille Hub zum Himmel, ein Kitzeln im Bauch, die da unten schwinden, ihr Winken wirkt hoffnungslos. Unter den Füßen ein Korb, oben nichts als heiße Luft mit Flamme, die den Ballon nach oben treibt. Das verleiht Flügel.

Dresden mag schön sein, von oben bietet es einen überwältigenden Anblick. Wer von den Elbwiesen gegenüber der Frauenkirche startet, dem glückt bei richtiger Strömung der Flug an dem Gotteshaus vorbei. Von der Plattform kommt ein Hallo. Der Wind schiebt das merkwürdig dicke Flugobjekt vor sich her. Im Korb herrscht Stille, wunderliche Stille, die es auf dem Boden nie geben wird. Da steht der Mensch immer im Sturm. Im Sommer glühen an den Elbwiesen Hunderte Ballons, ein Wettlauf mit dem Auftrieb.

Die Franzosen liebten es, mit Ballons zu experimentieren, sie stiegen auf, sie stürzten ab. Sie überlebten, sie starben, sie liebten ihre Ballons. Sieht man heute in Dresden die bunten Fahrgastkugeln auffliegen, könnte einer meinen, sie seien hier erfunden worden. Stimmt in diesem Falle nicht, es war vielmehr eine Frau, eine Braunschweigerin, die vor hundert Jahren die Liebe zu dem Ballon an die Elbe brachte. Als erste Frau stieg Wilhelmine Reichard erstmals am 16. April 1911 in Berlin gen Himmel, zog später nach Dresden, wo sie zum dritten Mal startete, dabei fast ihr Leben ließ. Das Ventil des Ballons funktionierte nicht mehr, sie trieb immer weiter Richtung Sächsische Schweiz, sie stieg immer höher, auf 7 800 Meter, dort fiel sie in Ohnmacht, der Ballon zerriss, sie stürzte ab. Die Zweige der Fichten fingen sie auf. Sie überlebte. Mit ihrer Familie wohnte die mutige Frau auf der heutigen Reichhardtstraße 9 in Freital-Döhlen. Der Dresdner Ballonfahrer Matthias Schütze kaufte 1998 das geschichtsträchtige Haus und restaurierte es, allerdings zweimal, denn zur Flut 2002 wurde es durch das Hochwasser der Weißeritz stark beschädigt. Das Wilhelmine-Reichard-Haus gilt als bedeutendes Kleinod der Luftfahrtgeschichte, die noch lange nicht zu Ende ist.

Ballonfahrt am Elbufer

Reichardstraße 9 | 01705 Freital

Ein Geschichtenort mit Bismarckmythos

Der Turm auf der Südhöhe erinnert an den ersten deutschen Reichskanzler. Im Inneren befindet sich ein neues Museum.

9

Oben auf der Räcknitzhöhe ziehen sich Gegensätze an und lehnen sich ab. Die Ludwig-Renn-Allee führt zum Bismarckturm. Die Straße mit dem Namen des 1889 in Dresden als Arnold Friedrich Vieth von Golßenau geborenen Schriftstellers, der einst dem Adel abschwor. Diese Straße läuft auf jene Säule zu, die die deutsche Nation repräsentiert, die Otto Eduard Leopold von Bismarck-Schönhausen huldigt, dem Herzog zu Lauenburg, Ministerpräsidenten von Preußen, Bundeskanzler des Norddeutschen Bundes und ersten Reichskanzler. Ein homosexueller Autor und Kriegskritiker kontra konservativem Familienfürst, der mit Blut und Eisen eine Nation schmiedete. Plattenbauten aus dem Wohnungsprogramm der DDR stehen dem Sandsteindenkmal für die deutsche Nation gegenüber.

Ein Netz mit 240 Feuersäulen sollte um 1900 das Deutsche Reich überspannen, den Bismarck-Mythos schüren. Immerhin brachten es die Initiatoren fertig, 184 der Säulen zu erbauen, 178 davon existieren noch, eine in Dresden, 23 Meter hoch, begeistert vorangetrieben von Studenten, eingeweiht am 23. Juni 1906. Den Turm am Ende der Ludwig-Renn-Allee entwarf der Architekt Wilhelm Kreis, Hochschullehrer in Dresden, der unter anderem auch das Hygiene-Museum entwarf. Sein Turm hieß Götterdämmerung, 47 davon stehen noch in Deutschland. Oben auf der Aussichtsplattform flackerte eine Feuerschale, die sich allerdings schon beim ersten Brand mit einer fünf Meter hohen Flamme zur Einweihung verzog, aber symbolhaft wirkte. Und wie immer, wenn etwas als Symbol wirkt, nutzten es die Nazis schamlos aus, verbrannten 1933 an dem Bismarckturm Bücher der von ihnen gehassten Autoren. Mit der Schande und der Bismarckhistorie wussten die DDR-Funktionäre später nicht so recht umzugehen, wollten den Turm abreißen, aber das Vorhaben scheiterte an Geldmangel. Später mauerten die Genossen den Zugang zu, überließen den Turm sich selbst, hofften, er würde irgendwann einstürzen. Doch Postaer Sandstein hält und hält und hält.

2004 begannen enthusiastische Dresdner den Turm zu sanieren, gründeten einen Verein, schafften Geld heran, überredeten Hinz und Kunz, etwas zu tun für dieses Denkmal, das schon deshalb wieder entstehen musste, um den Irrsinn der Nazis vergessen zu machen. Auf die deutsche Nation darf jeder stolz sein, mit Nationalismus hat das nichts zu tun. Und die Aussicht von hier ist einfach überwältigend. Ein neues Museum im Inneren erzählt die Historie.

Bismarckturm

Moreauweg 1 | 01217 Dresden
www.bismarckturm-dresden.de

In diesem Saal ist Amüsieren Pflicht

Der Blaue Salon im Parkhotel lädt vor allem am Wochenende zu Partys vom Hutball bis zur Playboyfeier.

10

Im Ballsaal standen die Pferde der Sowjetarmee. Irgendwo in der zerstörten Stadt mussten sie ihre Tiere unterbringen. Hier hielt ein ganzes Dach über dem Kopf. Da gab es keine Rücksicht auf glorreiche Vergangenheit. Schon gar nicht, wenn sich die Deutschen so köstlich amüsierten. Und in diesem Saal war Amüsieren Pflicht.

Das Parkhotel gehört zu jenen Adressen der Stadt, die legendär sind. Denn hier tanzte die feine Gesellschaft, egal in welcher Gesellschaft. 1914 eröffnete das Haus mit Tanzsaal, Bar, Dachterrasse und Hotelzimmern. Der Begründer des modernen Bahnhofsbuchhandels Jacques Bettenhausen verdiente reichlich Geld mit seiner Idee und erkannte als Unternehmer die Zeichen der Zeit. Denn auf dem Hirsch etablierte sich rund um das Lahmann-Sanatorium seit Jahren das gut situierte Bürgertum. Bettenhausen ließ vom Architekten Johannes Kaaz ein Hotel mit Feierlounge entwerfen. Nur das Beste passte hierher. Die Location funktionierte vom ersten Tag, gerade so, als hätten alle nur darauf gewartet. Sie tanzten, feierten große Bälle, die Dachterrasse mit Blick in die Heide galt als spektakulär. Heinz Rühmann war hier, Richard Strauß, Zara Leander, Theo Lingen. Die 20er- und 30er-Jahre gehörten dem Parkhotel. Während des Krieges ging der Feierrausch zu Ende, irgendwann standen die Soldatenpferde im Ballsaal.

Ende der 40er-Jahre kam das Stroh raus, neue Farbe an die Wände und das Hotel, die Bar und der Saal begannen erneut zu leben. In der Kakadubar im Keller des Hauses an der Bautzner Straße standen die Dresdner alsbald Schlange, hier traf sich die neue Feierelite, spielten die neuen Tanzorchester, hier traf man sich, um gesehen zu werden, um informiert zu sein und Geschäfte anzubahnen. Das Haus verlor indes langsam an Glanz, und nach 1990 konnte es nicht mehr mithalten mit all den neuen Salons, Ballsälen und Diskotheken. Um das Parkhotel wurde es so still, dass man befürchten musste, es würde die neue Zeit auf ewig verschlafen.

Doch die Erben von Bettenhausen bekamen das Haus zurück, ließen Teile renovieren, es entstand ab 2004 eine neue Party-Location, die an alte Zeiten anknüpfte, aber völlig Neues brachte. Veranstaltungen wie der Hutball, der jährlich nach wenigen Minuten ausverkauft ist, erklären schnell, was im Parkhotel abgeht. Am Ende der Woche stehen wieder Schlangen vor dem Haus, egal ob zum feinen Ball, zur Playboy-Feier, zur Thekenschlampenparty, zum Swingbandball oder einer DJ-Show. Was hier läuft, läuft gut. Da gehen selbst Russenpferde durch.

BLAUER SALON

Der Traum von der blauen Wunderbrücke

Die Stahlkonstruktion der Loschwitzer Brücke führte einst zu heftigen Debatten. Heute ist das Bauwerk eine Sehenswürdigkeit.

11

Es gibt einen Traum: Die Brücke zwischen Loschwitz und Blasewitz wird für den Verkehr gesperrt. Sie wird Schlendermeile für Spaziergänger zwischen Körner- und Schillerplatz, ein Boulevard über den Fluss wie in Florenz oder Prag, wo Händler ihre Waren anbieten, Straßenmusiker spielen und Maler Porträts der schönsten Mädchen zeichnen. Ein Traum.

Noch brettern täglich Tausende Autos über die blaue Wunderbrücke, lärmen die Straßen voll. Fußgänger schlendern nicht, sie eilen über die Stahlkonstruktion. Dabei könnten sie Aussicht halten auf die Elbe, auf die Dampfschiffe, den Hang zur einen und die Ebene auf der anderen Seite. Dem Traum ein Stück näher kommen die Dresdner immer am letzten Wochenende im Juni beim Elbhangfest. Ein Alptraum begann für sie vor über 130 Jahren. Da kamen Unternehmer auf die Idee, die zwei durch die Elbe getrennten Stadtteile zu verbinden, man wollte sich näher sein. Skandal. Die Gegner schrien und klagten, die Befürworter lobbysierten bis in den Landtag hinein. 1891 begann der Bau, kostete 2,25 Millionen Goldmark und eröffnete im Juli 1893. Nach all den Querelen ein echtes Wunder und so kühn konstruiert, das keine Pfeiler im Wasser standen. Inzwischen nennen den Stahlkoloss alle Wahrzeichen. So ist das mit den kühnen Ideen. Der Brückenstreit um die flussabwärts nur zwei Kilometer entfernte Waldschlösschenbrücke zeigt, dass sich Zeiten ändern, aber die Probleme bleiben.

Im Übrigen mussten bis 1923 Nutzer der Loschwitzer Brücke, wie sie offiziell heißt, Maut bezahlen, zwei Pfennig die Fußgänger, zehn Zugtiere und 20 Pfennig Kraftfahrzeuge. Eine kleine Finanzhilfe, um die Baukosten wieder reinzukriegen. Nicht lange, da gab es einen Überschuss, der dabei half, die Stützmauer in der Schillerstraße zu finanzieren. So hieß sie denn auch lange die »Zwee-Pfeng-Mauer«.

Das Blaue Wunder, so hält sich seit Jahren ein Gerücht, soll bei seiner Einweihung angeblich grün gewesen sein. So kann es gehen mit Aprilscherzen. Den setzte nämlich eine Dresdner Zeitung in die Welt. Das Grün wäre ausgeblichen und Blau geworden, schrieben die Witzbolde am 1. April und nachfolgende Journalistengenerationen schrieben den Unsinn immer wieder voneinander ab. Bis heute. Jetzt soll es angeleuchtet werden. Kein Scherz. Die blaue Brücke ist auch deshalb ein Wunder, weil sie 1945 von Dresdnern gerettet wurde. Das Blaue Wunder überlebte. Wenn eines Tages keine Autos mehr darüber fahren, wird es unsterblich. Ein Traum.

Blaues Wunder

Zwischen Schillerplatz (01309 Blasewitz) und Elbbrückenstraße (01326 Loschwitz)
www.dresden.de

Der Morgen danach jazzt in der Neustadt

Ab 20 Uhr öffnen sich im Blue Note auf der Görlitzer Straße die Türen für Jazz, Blues, Soul, Funk, Swing und Bebop.

12

Zugang erst ab 18 Jahre. So steht es gleich am Eingang. Am Tag kommt keiner rein. Geschlossen. Hier geht es erst ab 20 Uhr los. Eher will keiner. Neustädter Rhythmus läuft anders. Der Sound eines Viertels, das hellhörig gegen Taubheit lärmt. An der Görlitzer, Ecke Louisenstraße öffnet der Musikladen mit Violinen, Gitarren und Notenblättern früh, wenn er schließt, geht wenig später der Musikladen nebenan auf. Der Jazzclub Blue Note sind 70 Quadratmeter, 40 Stehplätze, 40 Sitzplätze, zehn Quadratmeter Bühne. Piano steht da, Mischpult vorhanden, Schlagzeug, Bassverstärker, Mikrofone. Ab 21 Uhr spielen Bands, die kommen oder eingeladen wurden. Bei der Open Mic Night an jedem ersten Dienstag im Monat dürfen sich auch Laien nach Voranmeldung ans Mikro wagen.

Jazz, Blues, Soul, Funk, Swing, Bebop gibt es hier auf die Ohren. Heiter, stimmig, meistens. Aufgespielt für 01099, Postleitzahl des Stadtteils, Schmuck für T-Shirts, die im Online-Shop preisverdächtig käuflich sind. Verantwortlich zeichnet Steffen Rinka, der in den 80er-Jahren als Informatikstudent in die Neustadt kam und merkte, dass ihn Theater mehr interessiert. Sein Leben lief nach Achterbahnkurs, er gründete Theatergruppen, baute das Neustädter Projekttheater mit auf, arbeitete als Regisseur, gründete ein Café, jetzt baut er Internetseiten, fotografiert für die Neugier der Gäste, die ihre bewegten Nächte im Blue Note nachklicken.

Das Blue Note funktioniert unaufgeregt seit 1997. Irgendwann landet jeder hier. Wenn anderswo Stühle auf die Tische gekippt werden, spielt sich hinter der Blue-Note-Tür noch was ab, bis früh fünf Uhr, am Wochenende gern auch länger. Mehrmals im Monat erlebt die kleine Bar Live-Sessions, dann geht es eng zu in dem langen Raum, der trotzdem jeden aufnimmt. Erwähnt gehört die Bar mit ihrem Angebot an Whisky, Cocktails und Bieren. Jeden Tag bietet die Karte zum Sonderpreis Besonderes, sonntags alle Gordons Dry Gin Longdrinks für 3,50 Euro, montags alle Smirnoff Black Vodka Longdrinks für 3,50 Euro. Zum Beispiel.

Blue Note steht oben über der Tür und deutet seine Herkunft unmissverständlich an. Blue Note sind jene Töne, die den Blues besonders klingen lassen und das Plattenlabel, das Jazz-Qualität verspricht, gegründet 1939 von Alfred Lion und Francis Wolff in New York. Erfolgreich, verkauft, zerstört, belebt. Die Platten bieten verlässlich das Beste. Seltene Gabe in aufgeregten Zeiten. Wenn das Blue Note auf der Görlitzer öffnet, verspricht es nicht weniger. Und hält es. Seit Jahren. Willkommen.

Blue Note

Görlitzer Straße 2 b | 01099 Dresden
Telefon 0351 8014275 | www.bluenote-dresden.de

Mexikanische Braut im grünen Gewölbe

Massenhaft Steingartengewächse entfalten sich zur Freude der Naturfans im Botanischen Garten der Technischen Universität.

13

Wenn die Königin der Nacht erblüht, steht eine Schlange davor. Flora trifft Fauna, wobei das Schlangentier sich hier aus Hunderten Menschen zusammenstellt. Einmal im Juni entfaltet sich die mexikanische Braut. Ab 21 Uhr öffnet dann im Botanischen Garten das umstellte Gewächshaus wie ein Museum und präsentiert seinen Schatz. Ein Grünes Gewölbe der Natur.

Botanische Gärten führen auf der ganzen Welt ein Schattendasein, selten, dass Massen zu den Pflanzen strömen. Meist sind es Vorgärten der Großstadt, irgendwo an einer stillen Seitenstraße. Schlenderecke mit Bänken, Bäumen, Blumen und Raritäten. Eine Sammelstelle für biologisches Anschauungsmaterial, bestens geeignet für Feingeister und Naturwissenschaftler. Der Botanische Garten, der hier über Jahre wuchs, gehört seit 1820 zur Stadt. Allerdings verpflanzten die Stadtoberen ihn um die 19. Jahrhundertwende von der Innenstadt an den Großen Garten. Er entstand, weil Heilpflanzen benötigt wurden für die damalige Chirurgisch-Medizinische Akademie, die im Kurländer Palais residierte. Auf dem heutigen Vorplatz des Polizeipräsidiums lagen einst blühende Landschaften. Die allerdings reichten bald nicht mehr für den sich vermehrenden Pflanzenbestand.

An der Stübelallee breitet sich die Florawelt auf drei Hektar aus, über 10 000 Arten pflegen und hegen die wissenschaftlichen Mitarbeiter der Technischen Universität. Denn die Hochschule erforscht das Leben der Kakteen, Orchideen, tropischer Staudengewächse, ostasiatischer und nordamerikanischer Bäume, Sträucher, Stauden und Kräuter. Angesichts der steigenden Preise für Medikamente wird die Erforschung der Nutz-, Gift-, Heil- und Arzneipflanzen immer wichtiger. Besucher dürfen alles sehen. Unübersehbar scheint dabei das Problem, mit dem sich die Stadtoase herumplagen muss. Sie liegt in der Nähe eines der verkehrsreichsten Plätze der Stadt, dem Straßburger Platz.

Gleich daneben baute VW seine Fabrik für Luxuskarossen und hätte so fast die Oase trockengelegt. Der Zisterne fehlte plötzlich das Wasser, das Grundwasser sank, die Kleingärtner der Wissenschaft liefen gegen den Großkonzern des Automobils Sturm. Die Kleingärtner gewannen, Volkswagen musste sich plötzlich mit einer Wasseraufbereitungsanlage beschäftigen und sponserte sie der Gartenanlage. Die besteht zu recht auf ihrer exotischen Schönheit. Hier kommt der Besucher ins biologische Gleichgewicht. Echt schön.

Botanischer Garten

Stübelallee 2 | 01307 Dresden
Telefon 0351 4593185 | www.tu-dresden.de/die_tu_dresden/zentrale_einrichtungen/bg

Viel zu schön für zu viel Arbeit

Das Weber-Museum in Hosterwitz lässt nacherleben, wie der Komponist mit seiner Familie hier fünf Sommer lang lebte.

14

Webers liebten Ausflüge. Das 1817 frisch getraute Ehepaar erkundete, wann immer es die Zeit erlaubte, die Umgebung Dresdens. Knapp ein Jahr arbeitete der Komponist an der Deutschen Oper des Hoftheaters, da entdeckte er im Frühjahr 1818 gemeinsam mit seiner Frau Caroline in Hosterwitz am Fuße der Weinberge ein Winzerhaus. Es war Liebe auf den ersten Blick. Jeder wird ihn verstehen, der das kleine Anwesen heute sieht.

Der Weinbauer Gottfried Felsner fühlte sich geehrt, den Musiker und seine Familie beherbergen zu dürfen. Die Webers brachten für drei bis fünf Monate im Sommer ihre Möbel mit, um sie im Herbst wieder in die Stadtwohnung am Altmarkt 9 kutschen zu lassen. Zwei Wohnungen komplett auszustatten, dafür reichte das Salär des Kapellmeisters nicht.

Die Ruhe vor der Stadt tat Weber gut, denn der Job stresste gewaltig. Er musste sich mit deutscher Oper gegen die bisher in Dresden vorherrschende Tradition der italienischen Aufführungen durchsetzen, außerdem ärgerte er sich darüber, dass er zunächst nur Musikdirektor geworden war. »Eine weniger schöne Lage hätte mich zu härterer Arbeit angeregt«, schrieb Weber einst in einem Brief. Ganz so faul kann er indes nicht gewesen sein, schließlich entstanden hier die Idee zum »Freischütz«, Teile der Opern »Oberon« und »Euryanthe«. Originale Noten davon sind in dem Haus, dem heutigen Carl-Maria-von-Weber-Museum, zu sehen, außerdem Briefe, Stimmgabel und Siegelring des Musikers, ein Bild von Caroline, gemalt vom jüngsten Sohn. Zudem liegt hier ein Taktstock. Weber führte ihn als erster in deutschen Konzertsälen ein. Das Original des Meisters existiert noch, wird jedoch nicht mehr hier präsentiert, sondern künftig in der Rüstkammer im Residenzschloss.

Die Dresdner ehren ihren Weber, der doch noch Königlicher Kapellmeister wurde, mit einem Denkmal am Theaterplatz und die Musikhochschule trägt seinen Namen. Es gibt aber auch noch ein Affendenkmal an der Kirche Maria am Wasser. Denn der Komponist sorgte mit dem Tier, das er in Hamburg einem Matrosen abgekauft hatte, für Furore. Schnuff-Weber, wie er ihn nannte, kaufte er seiner Frau zuliebe. Weber erzählte später: »Einer derselben, ein kleiner allerliebster, kaum spannenhoher Capuzineraffe, zeigte sich so liebenswürdig, schnitt so charaktervolle Gesichter, kratzte sich so tiefernst und bedenklich hinterm Ohr, daß Caroline ausrief: ›den muß ich haben, der sieht S... zu ähnlich!‹«

Carl-Maria-von-Weber-Museum

Dresdner Straße 44 | 01326 Dresden
Telefon 0351 2618234 | www.museen-dresden.de

Reich der Mitte auf Loschwitzer Höhen

Der Chinesische Pavillon im Winter. Ein Verein aus Loschwitz richtet die kaiserliche Villa aus dem Jahr 1911 wieder her.

15

Genauso stellen sich Deutsche eine Villa aus dem kaiserlichen China vor. Und genauso sieht sie aus. Schließlich bauten die Chinesen das Haus 1911 nach ihren eigenen Plänen mit eigenem Material. Es kam aus Shanghai nach Dresden. Nirgendwo anders in Europa sonst steht solch eine traditionelle Hallenkonstruktion aus dem Reich der Mitte.

Der Anlass für den Bau war die internationale Hygieneausstellung. Hohe Beamte reisten an, schauten sich um in Sachsen und studierten, mit ausdrücklicher Genehmigung der Behörden, die sächsischen Verwaltungsstrukturen. Die Gäste aus Shanghai lernten schnell, nicht anders als heute. Bald gehörte die Metropole im Mündungsgebiet des Jangtsekiang am Huangpu-Fluss zu den aufstrebenden Städten Chinas. In den 1920er-Jahren nannten es die Europäer das Paris des Ostens. Allerdings dauerte der Aufschwung nicht sehr lange, nach dem Zweiten Weltkrieg übernahm Mao die Macht und während der Kulturrevolution fiel Shanghai in Armut, die heute nur noch am Stadtrand lebt. Denn Mitte der 80er-Jahre fasste die chinesische Regierung den Entschluss, die Stadt erneut zum Handels- und Finanzzentrum auszubauen. Ein gigantischer Aufschwung folgte.

All diese wechselvollen Zeiten überlebte der Chinesische Pavillon in Dresden. Nach der Hygieneausstellung kam er auf den Weißen Hirsch, die Gemeinde kaufte ihn und schuf in den einstigen Kuranlagen eine neue Attraktion für die Gäste. Das Haus diente als Lesehalle, hier gab es Zeitungen aus der ganzen Welt, Bücher, Tee, Kaffee, nette Gespräche und die Erinnerung an das Riesenreich, das dem Kaiser inzwischen abgeschworen hatte.

Der Pavillon schloss und öffnete während der Kriege und danach diente er stets als Café und Leseort. Auch nach dem Zweiten Weltkrieg brach die Tradition nicht ab, der DDR-Verlag Zeit im Bild übernahm 1961 die Patenschaft, Zeitschriften lagen aus, die HO versorgte die Gäste. Waldcafé Weißer Hirsch hieß in den 70er-Jahren der Pavillon, im Parterre gab es im Sommer Eis. Als die DDR zusammenbrach, zog eine Werbeagentur ein, hielt sich bis 1992 und dann kamen wieder die Chinesen und eröffneten das erste chinesische Restaurant nach der Wende in Dresden. Bis 1997 schien alles bestens zu laufen, doch dann brannte der Pavillon ab. Der Traum schien aus, bis sich Bürger vom Weißen Hirsch zusammenschlossen, um den Chinesischen Pavillon nach altem Vorbild wieder aufzubauen.

Brunnen gegen die Seuche

Der Cholerabrunnen spuckt sein Wasser am Postplatz seit 1846. Bis er seinen richtigen Platz fand, wurde er zwei Mal versetzt.

16

Ein Brunnen wie eine Kirche. Über 15 Meter hoch ragt die markante Spitzsäule im neogotischen Stil zwischen barocker Fassade des Zwingers und glasiger Glätte des weißen Riegels. Säulen, Spitzbögen, Gewölbe aus feinstem Sandstein zieren das schmale Bauwerk, das auf einem sechs Meter runden Granitbecken ruht. Gottfried Semper entwarf diesen Brunnen. Fast ein Meter große Figuren umrunden den Brunnen, im Norden Wittekind, der erste getaufte Fürst der alten Sachsen, im Osten Winfried Bonifatius, der erste Apostel der Deutschen, im Süden Johannes der Täufer, im Westen Elisabeth, Landgräfin von Thüringen. In drei Himmelsrichtungen ragen Bibelsprüche, im Westen hängt ein Wappen.

Es ist das gutschmidsche Wappen, denn der Freiherr Eugen von Gutschmid stiftete den Brunnen aus Dankbarkeit, weil Dresden verschont blieb von der Choleraepidemie, die 1841/42 von der Oder und der Unterelbe her die Stadt bedrohte. Doch nicht immer sind gute Ideen willkommen. Es gab Streit um die Architektur und den Standort. Semper plante ursprünglich einen anderen Brunnen, er fügte sich nach heftiger Debatte dem Geldgeber und erst ein Machtwort aus dem sächsischen Finanzministerium beendete das Hin und Her um den richtigen Platz. Der Freiherr setzte letztlich den Ort mitten auf dem Wilsdruffer Platz, dem heutigen Postplatz, durch. Dort weihte der damalige Bürgermeister Balthasar Hübler den Bau am 15. Juli 1846 ein. Eugen von Gutschmid, wäre er noch am Leben, hätte eingegriffen, als sein Stifterwerk 1891 aus der Mitte des Postplatzes versetzt wurde. Angeblich stellte der Brunnen inzwischen ein Verkehrshindernis dar. 1927 musste er erneut umziehen, kam in die Sophienstraße. Angesichts des neuen langgestreckten Wasserspiels, das die Dresdner »Panzerdusche« oder »Kloppstange« nennen und mitten auf dem Postplatz steht, hätte der Freiherr heute allen Grund zur Klage.

Der Cholerabrunnen passte damals gut zur Sophienkirche, die mit ihren zwei schmalen Türmen architektonisch zum Zusammenspiel wie geschaffen war. Doch während bei den Bombenangriffen 1945 der Brunnen zum größten Teil erhalten blieb, erlitt das Gotteshaus schwere Schäden. Den größten allerdings, als Walter Ulbricht ihren Abriss empfahl. So kann der Brunnen heute auch als Erinnerung an die Kirche gelten, an die sinnlose Zerstörung. Nachdem der Brunnen 1966 ausgebessert wurde, setzten ihm in den nächsten Jahrzehnten Vandalismus und Verwitterung stark zu. 1996 begann die Sanierung. Der einstige Stifter hätte seine Freude.

Cholerabrunnen

Sophienstraße | 01067 Dresden
www.postplatz.starkes-dresden.de/cholera.htm

Engel der Liebe mit Rosenranke

Die Strehlener Christuskirche unweit des Wasaplatzes verblüfft durch ihre Jugendstilelemente und die vielen Figuren.

17

Sie erhebt sich über Kleingärten, einem kleinen Villenviertel und einem kleinen Bach. Beängstigend schwarz steht die Kirche mit ihren zwei Türmen wie ein Doppelpfeil auf einem Hügel, überragt den Stadtteil, stellt sich in alle Richtungen zur Schau und steht doch abseits in einer Kurve. Sie wirkt vergessen und war es auch jahrelang. Nach dem Krieg standen ihre Fenster offen wie tote Augen, das Dach lückenhaft, und doch ziehen ihre kräftigen Mauern und die vielen Details, die mit Zartheit den Riesen brechen, Menschen magisch an.

»Nahet euch zu Gott, so nahet er sich zu euch« steht über dem Eingang zum Kirchenschiff das Wort Jakobus 4,8. Über dem Hauptportal schwebt an der Decke der Engel der Liebe mit der Rosenranke. Licht dringt überwältigend in den Raum, der Gegensatz zwischen der Schwärze des äußeren Sandsteins und der Helligkeit im Inneren wird offenbar. »Lasset euch versöhnen mit Gott« steht am Altar, gesetzt in Marmor. Ein versöhnlicher Platz. Die Angst weicht. Überall Linien, weich gezeichnet, munter, Jugendstil, der in Dresden zurückhaltend bedacht wurde.

Unterhalb des mächtigen Gotteshauses, das mit seiner Größe von 66 Metern und seinem schwarzen Sandstein ein wenig an das Rathaus am Külz-Ring erinnert, finden sich überraschende Skulpturen. Christus als guter Hirte und Sämann, zwei Engelsgestalten treten aus dem Portal. Pöppelmann schuf sie, nein nicht der, sondern Peter Pöppelmann, Dresdner Bildhauer, der von 1866 bis 1947 lebte.

Auf der Nordseite, unterhalb der Türme, liegt eine Brunnenanlage und oben kniet Christus und reckt die Arme zum Himmel. Gotterbarmen. Wer höher blickt, sieht eine Galerie, die die Türme verbindet, und er sieht eine Schrift, die sagt: »Das Wort vom Kreuz, göttliche Kraft und göttlich Weisheit.« Wer genauer hinschaut, sieht die Köpfe von Paulus und Luther. Die Kirche taugt für eine lange Entdeckertour, überall Figuren: Schwäne, Hirsche, Tauben, Pelikane.

Lange stand die Kirche unsaniert, nach dem Krieg nur provisorisch gesichert. Erst 1967 bis 1975 konnte dieser Mangel beseitigt werden und das Innere bekam viel später eine neue Gestaltung, die sich am historischen Vorbild orientierte. Am 5. Oktober 1980 erfolgte die Wiedereinweihung. Das schien weitsichtig, denn hier fanden sich Dresdner, um mehr zu erfahren vom System DDR. Im Wendejahr 1989 trafen sie sich, um zu hören und zu sagen, was anderswo nicht gehört werden wollte. Hier war es sicher. Das hat keiner vergessen.

Christuskirche Strehlen

An der Christuskirche 1 | 01219 Dresden
Telefon 0351 4710330 | www.christuskirche-dresden.de

Kongresshaus in der Wanne

Geschwungen wie der Flusslauf streckt sich das Kongresszentrum über der Elbe. Die riesige Terrasse steht für alle offen.

18

Der Beton, noch nicht ganz trocken, lernte das Schwimmen, als die Elbe über sich hinaus wuchs. Im August 2002 tauchte die Baustelle des neuen Kongresszentrums unter, versank im Jahrhunderthochwasser, dabei hatte das neue Jahrhundert gerade erst begonnen. Die Erbauer bekamen schnell ein Gefühl dafür, was so nah an der Elbe passieren kann. Deshalb steht das Haus in einer Wanne, aber die lief damals voll wie ein Topf unterm Hahn. Jetzt schützen Mauern, Wälle und eine fahrbare Stahlwand das Haus vor Fluten. Es funktioniert, das Wasser schwamm sich schon wieder hoch, das Kongresszentrum blieb trocken.

Die Elbe gehört zur Architektur, die den Bogen aufnimmt, den Fluss in den Fenstern wiederholt fließen lässt, die Schiffe schippern die Scheiben entlang. Das Haus schwingt sich oben als Welle, nimmt in den Scheiben die Wolken auf, reflektiert die Sonne, steht als Spiegel am Ufer. Davor eine ausladende Terrasse, der Besucher erlebt eine doppelte Flusslandschaft, taumelt gegen den Wind die Schräge nach oben oder unten. Hier gibt es nur schiefe Ebenen. Das Geländer gleicht der Reling eines Hochseedampfers.

So schräg das Kongresszentrum außen und auch innen sein mag, es bildet einen neuen Abschluss für die Uferpromenade der Altstadt vor der Marienbrücke. Eine moderne Variante, wie sie wohl nur hier möglich war, denn daneben harrte jahrelang der alte Erlweinspeicher seiner Wiederentdeckung und der Landtag führte schon lange vor, wie historische Bausubstanz und visionäre Architektur zusammenpassen. Die Baupläne für das Kongresszentrum schuf das Architektenbüro Storch, Ehlers & Partner aus Hannover. Die Stadt gründete eine eigene Baugesellschaft, zog den Plan durch, denn die Hoffnung bestand, dass Dresden mit internationalen Kongressen von sich reden macht.

1165 Quadratmeter groß, bietet der Saal mehr als 1300 Plätze, im Erdgeschoss verfügt das Haus über fünf weitere Säle mit zusammen 3600 Quadratmeter Fläche. Alles flexibel und für Zusammenkünfte von Experten bestens geeignet. Für Konzerte nicht. Die Hoffnung, hier könnten klassische Orchester spielen, schlug fehl. Das Haus wirkt mit seiner Schräge wie ein Trichter, verschluckt die Töne.

Für Gäste von Kongressen indes bietet es ideale Bedingungen, nebenan im Maritim-Hotel, in eben jenem alten, sanierten Erlweinspeicher wird übernachtet, geschlemmt oder relaxt. Ein perfektes Zusammenspiel. Und draußen fließt die Elbe.

Spaß am Spieß mit Türkenrock

Frisches Angebot im Dürüm Kebab Haus auf der Rothenburger Straße von Dürum über Pizza bis Salat und heißem grünen Tee.

19

Längst gibt es in Dresden mehr Dönerläden als Bockwurststände. Über 20 anatolische Schnellrestaurants verfüttern ihr Fleisch mit Fladenbrot und Gemüse an hungrige Dresdner. Die Krönung der Imbissintegration war der mobile »Sachsen-Döner« auf der Prager Straße. Das Ordnungsamt vertrieb die Händler von dem Einkaufsboulevard, als die Stadt beschloss, dass nur noch in dafür vorgesehenen Ständen verkauft werden durfte. Der Spaß am Spieß war damit auf dem Boulevard gegessen.

Nach wie vor jedoch kommen Unterhaltung und Speiseangebot vom Standgrill nicht zu kurz, zumindest in der Neustadt führt ein Laden Kultstatus. Auf der Rothenburger Straße 41 läuft der Gast drei Stufen hoch, meist durch die offene Tür, und bekommt sofort eine Phonladung Türkenrock auf die Ohren. Hinter dem Tresen singen die Männer ihre Hits laut mit und schreien fragend, was es denn sein soll von dem Angebot auf der kilometerlangen Tafel über ihren Köpfen. Von hinten flitzen Frauen mit Tabletts durch die wartende Menge. Wer länger als eine Minute überlegt, ob er sich hinsetzen oder doch lieber alles mitnehmen will, der bekommt grünen Tee in Gläsern angeboten, Zucker dazu, die Alulöffel so heiß, dass Unwissende sich beim ersten Umrührversuch die Finger verbrennen.

Während in anderen Dönerläden das Personal permanent wechselt wie Türkeiurlauber ihre Handtücher, bleibt Familie Karabacak ihrem Laden treu. Seit 1998 führen sie das Dürüm Kebab Haus, begannen mit einem kleinen Laden ohne Angestellte, jetzt verköstigen sie in drei Räumen auf zwei Etagen Hunderte von Gästen, 140 Stühle stehen in dem Restaurant, geöffnet ist täglich von zehn bis fünf Uhr am nächsten Morgen. Und immer herrscht scheinbar gute Laune.

Wer in der Türkei ähnliche Läden sucht, wird sie nicht finden, denn die Dönerkultur in Deutschland unterscheidet sich von der anatolischen. Dort gibt es längst nicht so viel Gemüse und die Fertigsoßen scharf, knoblauchig oder kräuterartig sind tabu. Täglich werden in den deutschen Städten in weit über 18 000 Dönerbuden etwa 200 bis 300 Tonnen Döner produziert, der Umsatz beträgt fast zwei Milliarden Euro im Jahr. Eine durchorganisierte Industrie, die anderen Fastfood-Ketten gleicht.

Auf der Rothenburger jedoch kommt nie das Gefühl auf, hier werde der Gast mit Massenware abgefrühstückt, auch das Cateringangebot für Zuhause kommt an wie Hausgemachtes. Bis zu tausend Gäste können versorgt werden. Trotzdem bleibt auch der Laden auf der Rothenburger ein Schnellrestaurant.

Dürüm Kebab Haus

Rothenburger Straße 41 | 01099 Dresden
Telefon 0351 8026279 | www.durum-kebab-haus.de

Eisbahn mit Fünfsternehotel

Der Hof des Hotels Kempinski am Taschenberg wird ab November zum Laufvergnügen vereist. Dazu gibt es Glühwein oder Sekt.

20

Wenn der Hof eines Fünf-Sterne-Hotels vereist, wird im Normalfall die Feuerwehr alarmiert. Nicht so im Taschenberg-Palais. Hier wird alles dafür getan, die Gäste aufs Glatteis zu führen. Sie rutschen und haben Spaß dabei. Denn in dem Hof des Kempinski-Hotels befindet sich eine der schönsten Eisbahnen Deutschlands.

Hier geht es nicht um Größe oder Geschwindigkeit, sondern um Gemütlichkeit und Spaß. Auf der Fläche eines Kleingartens drehen die Eisläufer zu Musik ihre Runden, kein Wind stört, kein Lärm, kein ambitionierter Schnellläufer, der dem Rest der Menschheit zeigen muss, dass er der erste sein kann. Nein, hier gleiten die Fahrer Hand in Hand oder tanzend übers Eis. Und während die Kinder immer weiter rutschen, stehen die Eltern mit Freunden am Rand und schlürfen den besten Glühwein der Stadt, gerne auch einen Sekt. In der Ecke steht ein Weihnachtsbaum, aus den Fenstern schauen Hotelgäste und kommen im nächsten Augenblick mit nach unten. Für sie gibt es die Eisrunden gratis. Alle anderen zahlen als Erwachsene fünf Euro, Kinder die Hälfte. Und wer keine Schlittschuhe dabei hat, kann sich für drei Euro welche ausleihen. Wer es richtig sportlich mag, der sollte allerdings die Edelrutschbahn meiden. Die Alternative liegt kaum zwei Kilometer entsteht im Sportpark Ostra-Gehege.

Das Taschenberg-Palais entstand einst weder als Hotel noch als Eislaufhof, sondern als kleiner Palast für die Mätresse Augusts des Starken. Gleich gegenüber dem Schloss ließ er 1705 das Liebesnest bauen, so hatte es der verheiratete Mann über einen Brückengang zwischen den Häusern nicht weit zum Schäferstündchen. Die Turtelpendelei endete jedoch mit der Verbannung der Geliebten auf Burg Stolpen. Damit möglichst nichts mehr an das Liebesnest erinnerte, ließ der Kurfürst die Brücke abbrechen, alles der Mode entsprechend orientalisch umbauen und plötzlich hieß das Haus »Türkisches Palais«, hergerichtet für das Kronprinzenpaar. Im Laufe der Zeit kamen immer neue Anbauten hinzu, auch der Brückengang kam zurück. Im Bombenhagel von 1945 brannte das Palais am Taschenberg völlig aus, seine Ruinen standen 47 Jahre mitten in der Stadt.

1992 wurde das Taschenbergpalais als eines der ersten Gebäude nach der Wende rekonstruiert, für rund 128 Millionen Euro. 1995 eröffnete es als Kempinski-Hotel mit 182 Zimmern und 32 Suiten, drei Restaurants, einem Bistro, einer Bar und Beautyfarm. Und von Mitte November bis Ende Januar lockt die Eisbahn im Hof.

Eislaufbahn im Hotel Kempinski

Taschenberg 3 | 01067 Dresden
Telefon 0351 49120 | www.kempinski.com/de/dresden

Selber treten macht glücklich

Der Elberadweg geht direkt am Ufer entlang und führt an den schönsten Sehenswürdigkeiten vorbei. Bei schönem Wetter ist viel los.

21

Radfahrer verbindet ein gemeinsames Schicksal. Sie müssen selber treten, um vorwärts zu kommen. Sie halten ihr Gesicht in den Wind, sie schwitzen, sie keuchen, sie fluchen, sie genießen es, ohne Bindung zu sein, einfach zu rollen oder anzuhalten, wann immer die eigene Kondition es will. Deshalb verraten sie sich gegenseitig ihre Tricks und einer heißt: Fährst du den Elberadweg lang, dann musst du von der Mündung zur Quelle fahren, dann hast du den Wind im Rücken.

Von Cuxhafen an der Nordsee bis Spindlermühle im Riesengebirge sind es schlappe 1220 Kilometer, auf 800 Kilometer davon läuft der Radweg parallel zum Fluss. Wer es schafft, die abzuradeln, kann von sich behaupten, an der Vermessung eines der 200 längsten Flüsse der Welt teilgenommen zu haben. Und im Norden hilft der Tick mit dem Rückenwind ungemein. Bis nach Schöna in Sachsen ist ein Höhenunterschied von 148 Meter zu überwinden. Ein lächerliches Hügelchen im Vergleich zur Gesamtstrecke. Trotzdem liegen viele Hügel dazwischen, es sei denn, der Radler plant clever und wechselt die Elbseiten, um immer am flachen Ufer entlang zu rollen.

Eine der schönsten Strecken verläuft durch Dresden. Der kundige Radler fährt für einen Tagesausflug mit der S-Bahn nach Schöna und radelt dann in sieben Stunden entspannt bis Meißen. Die 78 Kilometer Asphaltstrecke verlaufen nah am Fluss, Bad Schandau mit dem Nationalparkzentrum, dann Königstein mit Festung, Rathen mit Felsenbühne, Wehlen, Obervogelgesang, Pirna mit dem neuen Tom-Pauls-Theater, Graupa mit Wagner-Museum, Pillnitz mit Schloss, Hosterwitz mit Weber-Museum, Wachwitz, Blaues Wunder, weiter durch die historische Altstadt, Radebeul mit Karl-May-Museum, Coswig, Meißen mit Albrechtsburg. Natürlich reicht der Tag nur, wenn der Radler radelt und all die Sehenswürdigkeiten ignoriert. Wer alles anschauen will, sollte sich mindestens fünf Tage Zeit nehmen.

Noch ein Trick: Sobald es ein wenig warm wird, empfehlen sich die Morgenstunden, denn später quillt der Radweg über. Radfahrer sind dabei das kleinere Übel, denn es heißt ja Elberadweg, nicht Kinderwagenschiebweg, Skaterbahn, Spaziermeile oder Rollerprobierstrecke. In Dresden wandelt sich in sonnigen Zeiten und vor allem am Wochenende der Radweg in eine Kampfbahn. Der Weg ist voll wie ein Fass, das seit Stunden überläuft. Da hilft nur Gelassenheit. Aber der echte Radfahrer besitzt genau das und weiß, dass auch wieder stille Strecken folgen.

Elberadweg

Nordufer der Elbe von Heidenau nach Meißen
www.elberadweg.de

Ein Dresdner, wie er im Buche steht

Kästner in Bronze als Junge auf der Mauer des Museums. Er wuchs in der Neustadt auf, seinem Paradies, das er mit Mutter teilte.

22

Er lungert oben auf der Mauer, ein Lausbub, der sich genau merkt, was nicht stimmt. Mit ihm oder den Menschen um ihn herum. Er beobachtete genau die Bäckersfrau Wirth auf der Königsbrücker Straße. Rißmann steht heute oben über dem Schaufenster. Er lief zum Metzgermeister Kießling, wenn er Wurst holen sollte, holte Gemüse im Grünkramladen von Frau Kletsch. Und nur zu gern ging er in den Blumenladen der »klitzekleinen Frau Stammnitz« in der Louisenstraße. Mutter schickte den kleinen Erich, er erfüllte die Wünsche. Gab es etwas zu feiern, holte er mit einer Kanne in der Gaststätte Sybillenort frisches Bier.

Als Erich größer wurde, vergaß er nichts von den Wegen, den Leuten oder den Häusern. Er schrieb sie in seine Bücher, schrieb von der 4. Bürgerschule, wo er die Schulbank drückte, von den Kasernen, wo er sich beim Exerzieren im Jahre 1918 eine Herzkrankheit zuzog. Die Bäckermeisterin schrieb bis zu ihrem Tod »ihrem Erich Kästner« jedes Jahr Geburtstagsglückwünsche, er bedankte sich höflich. Doch so sehr Kästner seine Heimat liebte, so sehr zog es ihn fort, die Nähe zur Mutter erdrückte ihn. Er sei ihre Spielkarte gewesen, schrieb der Schriftsteller später in seinem Buch »Als ich ein kleiner Junge war«. Die Mutter schützte ihren Sohn vor allem und jedem. Sie tauschten Wäschepakete, als er in Berlin wohnte. Mutter Ida verwirrte, als der Kontakt abbrach. Denn sie trug lange das Geheimnis mit sich, dass nicht ihr Mann, sondern der Hausarzt Doktor Zimmer sein Vater war. Die Mutter gestand es dem Jungen später. Erich verstand auch das.

Das alles erzählt das Museum am Albertplatz über ihn. Zwischen Regalkisten finden sich Mantel, Hut, Erstausgaben, Manuskripte. Auf der Mauer vor dem Museum lungert der Junge, der sich selbst in Erinnerung bringt, der seine Heimat, die Dresdner Neustadt, die Königsbrücker Straße, das Haus Nummer 66, in dem er 1899 zur Welt kam, in Buchstaben aufzeichnet.

Sein Dresden verklärt er nach Herzenslust, er abenteuert durch die wilhelminischen Mietshäuser und Hinterhöfe mit den Klopfstangen, beschreibt die Schönheit und den Untergang. All das atmete er ein, wollte er nicht verlassen, obwohl die Nazis seine Bücher auf ihre Scheiterhaufen warfen. Kästner passte sich an, verbarg sich, widerstand, ein Opportunist, der sich nicht verbiegen lässt. Ein Dresdner, wie er im Buch steht, selbstbewusst und zweifelnd an sich und der Welt. Wie ein Lausbub, der genau wusste, dass er wieder etwas ausgefressen hatte.

Erich-Kästner-Museum

Antonstraße 1 | 01097 Dresden
Telefon 0351 8045086 | www.erich-kaestner-museum.de

Bitteres Ende der Belichtungszeit

Der Ernemann-Turm zeigt sich als Denkmal der sächsischen Kameraindustrie. Das Technische Museum erzählt vom Stolz der Feinmechaniker.

23

Dresdner machten sich schon immer ein Bild von sich. Sie hatten auch das Zeug dazu. Denn sie sind Erfinder. Sie erfanden aber keine Raketen, sondern Kleinbildkameras. Karl Nüchterlein hieß der Dresdner, der 1936 seine Kine-Exakta auf der Leipziger Frühjahrsmesse vorstellte. Damals die erste Spiegelreflexkamera der Welt, die jeder in die Tasche stecken konnte. Heute verdienen die Japaner damit ihr Geld. Doch wer hat's erfunden? Ein Dresdner.

Schon vorher wurden in der Stadt reichlich optische Instrumente und Kameras hergestellt. Ein Unternehmer, der 1876 aus dem Eichsfeld nach Dresden kam, investierte in die Foto- und Kinotechnische Industrie: Heinrich Ernemann. Er starb 1928. Doch seine einstige Fabrik steht noch heute. Ein weithin sichtbarer Gebäudekomplex im Stadtteil Striesen: der Ernemannbau, 1915 bis 1918 sechsgeschossig erbaut, 1923 kam ein 48 Meter hoher Turm hinzu. Sechs verschiedene Firmennamen standen an den Mauern, von der Ernemann AG über Zeiss Ikon bis zum VEB Pentacon. 60 Jahre lang war Dresden das Zentrum der Kameraindustrie. Weltweit.

Das volkseigene Unternehmen war der Stolz der Dresdner Feinmechaniker, denn rund 8,5 Millionen Spiegelreflexkameras in 110 verschiedenen Modellen wurden hier hergestellt. Die Marke Praktika gibt es heute noch, allerdings kommt kein Teil mehr aus Dresden. Nach dem Fall der Mauer ging auch die Dresdner Kameraindustrie bis auf ein paar wenige Überlebende zugrunde, die Konkurrenz aus Japan war längst zu übermächtig geworden, und die westdeutschen Firmen, außer Leica, hatten längst aufgegeben.

Im Ernemannbau kann der Besucher noch einen Hauch des Stolzes spüren, den die Mitarbeiter der Kamerawerke bis heute in sich tragen. Die Ausstellungen der Technischen Sammlungen zeigen die Kameras, erzählen Geschichten. Hier arbeiteten Väter, holten ihre Söhne als Lehrlinge in das Unternehmen, geschickt wie Uhrmacher bauten sie die Fotoapparate, sie entwickelten modernste Elektronik, um die Bilder kontrastreich, scharf und schnell auf Filme bannen zu können. Sie bereiteten das digitale Zeitalter vor, das sie selbst nicht mehr erlebten. Für sie ging die Belichtungszeit zu Ende. Der Ernemannturm reckt sich wie ein Denkmal zum Licht. In seinen Mauern gibt es auch einen Verein, der soziale Arbeit leistet, der Kindern Kultur nahebringt. Es ist gut gemeint und hilfreich. Die Dresdner erfinden sich auch in der Not neu. Lieber wäre ihnen aber, hier würden Kameras produziert.

Ernemann-Turm

Junghansstraße 1 | 01277 Dresden
Telefon 0351 4843800 | www.das-neue-dresden.de

Der leere Turm von Dresden

Bis in die Wolken ragt der Fernsehturm 373 Meter in die Höhe, obwohl er nur 252 Meter hoch gebaut wurde. Er steht auf Lausitzer Granit.

24

Zutritt verboten. Auch zu zweit oder zu viert bleibt man am Boden. Nur den Blick himmelwärts kann keiner verweigern. Seit Jahren rätseln die Dresdner, wer wohl in ihrem Fernsehturm sitzt. Der KGB zog offiziell mit Putin ab, amerikanische Geheimdienste sah in dem alten Sende-Turm bisher keiner. Zweifel bleiben.

Zweifelsfrei schoss jedoch Ende der 60er-, Anfang der 70er-Jahre die DDR in die Höhe. Die Ost-Berliner bekamen 1969 ihren Kugelturm, die Leipziger 1971 das Universitätshochhaus als aufgeschlagenes Buch, die Jenenser einen Uniturm als Rakete auf dem Platz der Kosmonauten und die Dresdner einen Sendemast, groß und schlank wie ein Sektglas. Irgendeiner muss die Betonnadel mal gewogen haben, denn überall ist nachlesbar, dass sie 7 300 Tonnen wiegt. Der Kerl, der daraus Perlwein säuft, muss erst noch geboren werden. Der Architekt Kurt Novotny allerdings war clever genug, seinen Turm nicht mitten in die Stadt zu setzen, denn so ragt er 373 Meter über den Meeresspiegel, obwohl er nur 252 Meter groß wuchs. Der Fuß der eleganten Funknadel steht auf dem Elbhang im Gestein von Lausitzer Granit. Im Tal hätte er nicht weit genug gefunkt, die Antennen mussten über die Berge ragen. Die Stimme der DDR sollte jeder hören, den Rias sollte jeder stören. Einige Dresdner bauten sich Ochsenkopfantennen, verzweigte Gestelle, um die andere Wahrheit zu hören. Nur wenn das Wetter lang funken ließ, kamen verschneit die Tagesthemen auf den Bildschirm. Im Radio hörten Dresdner auf Kurzwelle Radio Luxemburg und ertrugen das Fiepen zu »Oldies but Goldies«. Der »Aktuelle Plattenteller« kam über Mittelwelle vom Deutschlandfunk.

Hier oben auf den Wachwitzer Hängen erinnert ein riesiger Parkplatz daran, wie viele Besucher es einst gewesen sein müssen, die ihre Wochenendausflüge am Fernsehturm enden ließen. 200 000 Gäste pro Jahr sollen es gewesen sein. Heute steht nur ein einsamer Bus in der Mittagspause, in den Büschen wünschen sich Igel, Fuchs und Hase eine gute Nacht.

In 150 Meter Höhe gähnen sich die Räume Leere entgegen. Dort befanden sich bis in die 90er-Jahre zwei Etagen mit einem Durchmesser von 16 Meter mit Restaurant, Café und Weitblick. Touristisch ein echter Höhepunkt. Aber die Telekom schätzt jährlich die Sanierungskosten so in die Millionen, dass Investoren lieber bodenständig bleiben. Sie könnten mit zwei Aufzügen in 20 Sekunden nach oben gleiten oder 750 Stufen bis zur Turmkanzel steigen. Das wäre die Höhe.

Fernsehturm

Oberwachwitzer Weg 37 | 01326 Dresden
www.fernsehturm-dresden.de

Exzentrisches Stahlskelett

Die Feuertreppe am Stadtmuseum an der Wilsdruffer Straße, mit Stahlnetzen behangen. Für viele Dresdner ein Streitobjekt.

25

Jede Stadt besitzt ihre Symbole für bürokratische Irrtümer. Dresden prahlt mit einer Treppe als Denkmal für Brandschutz-Lobbyismus. Drei Etagen Stangen, mit Stahlnetzen behangen. Die Dresdner Architekten Rolf Klinkenbusch und Daniel Kunze erdachten sich eine Kunsttheorie zur Feuerleiter: Der skulpturale Treppenbaukörper setzte eine zeichenhafte Markierung in die weiträumige Stadtlandschaft am Pirnaischen Platz. Alle Achtung. Und weiter: Das Stahlbauwerk stehe in seinem gebrochenen Charakter bildhaft für die mehrfachen Zerstörungen der Stadt und lasse einen kontrastreichen Spannungsbogen zum wiederhergestellten spätbarocken Hauptgebäude entstehen. Schreck lass nach.

Ein exzentrisches Stahlskelett bekommt einen Bezug zur Zerstörung der Stadt, dazu wird der Bogen zum Barock geschlagen und schon soll es glaubhaft wirken. Keiner kann sich wehren, schließlich sind Zerstörung und Barock die Heiligtümer städtischer Geschichte. Die Feuertreppe bleibt eine Feuertreppe, ein Rettungsweg mit der Flucht nach vorn. Plötzlich stand sie da zum 800-jährigen Jubiläum der Stadt. Der Ausweg hieß Kunst, denn die darf alles.

Ein Gerüst in Grau, das nie entstanden wäre, wenn nicht die sächsische Verordnung für den Schutz vor Bränden inzwischen zum Förderprogramm für die Bauindustrie mutiert wäre. Im Landhaus kam jahrhundertelang kein Mensch zu Schaden. 1770 erbaut, diente das Gebäude als Versammlungsort für die Landstände, den Landtag, zuständig unter anderem für die Steuerverwaltung. 1775 zog zudem das Obersteuerkollegium in das Haus. Bis Anfang des 20. Jahrhunderts tagten hier die Stände, die nach der Novemberrevolution 1918 durch das Landesparlament abgelöst wurden. Nach 1945 zog das Stadtmuseum ein, erzählt die 800-jährige Geschichte Dresdens, seit 2000 stellt die Städtische Galerie Dresdner Künstler aus. Ein fantastischer Ort, Dresdner Kunst kennenzulernen.

Im Inneren des Hauses existieren große Treppen, breite Flure, als Fluchtweg bei einem möglichen Feuer. 2008 verordneten Verordner dem Landhaus am Ostflügel die künstliche Fluchttreppe, die von unten aber nicht betreten werden darf. Da wäre vielleicht noch ein Sinn, ein Aussichtsturm zum Pirnaischen Platz hin. Vielleicht auch wäre Mut nötig gewesen für das bürokratische Gestell, bunte Farben oder Lichteffekte, Treppe in Flammen als Kunstinstallation gegen die Verordner. So bleibt es eine graue, schiefe Treppe, über die man sich nur wundern kann.

Feuertreppe am Stadtmuseum

Wilsdruffer Straße 2 | 01067 Dresden
Telefon 0351 4887301 | www.museen-dresden.de

Eine Kulisse wie im Film

Hinter der Riesenleinwand bei den Filmnächten am Elbufer leuchtet die Altstadtsilhouette und begeistert die Zuschauer.

26

Xavier Naidoo rief: »Ihr Dresdner blickt immer auf die feine Kulisse und wohnt in diesen Elbvillen. Alle wohnt ihr in diesen Villen.« Der Sänger kommt aus Mannheim. Der Dresdner versteht seinen Neid und blickt über ihn hinweg von der Hofkirche bis zum Oktogon der Kunsthochschule. Wirklich fein.

Xavier Naidoo singt gern bei den Filmnächten am Elbufer. Hier spielten Helge Schneider, Udo Jürgens, die Ärzte, Katie Melua, Rosenstolz, Bob Dylan, James Brown, Gilbert Becaud, Mercedes Sosa, die Backstreet Boys, Lou Reed, Chris de Burgh, Herbert Grönemeyer, Rammstein, Brian Adams, Simply Red, Die Toten Hosen und Nena. Immer wenn sie fertig waren, liefen sie noch ans Elbufer, um einen Blick von der Kulisse abzukriegen. Einen schöneren Konzertsaal gibt es nicht in Deutschland.

Dass all die Stars vorbei kommen, daran war nicht zu denken, als Filmenthusiasten die Idee hatten, am Elbufer ein Open-Air-Kino aufzubauen. Zehn Tage liefen Filme und 6 000 Besucher kamen. Zehn Jahre später hatten die Filmnächte 61 Tage geöffnet, es gab Kino, Konzerte und die Veranstalter zählten über 150 000 Gäste. Längst arbeitet diese Sommerfilmwirtschaft höchst kommerziell, von dem Verein, der am Anfang startete, blieb nichts übrig. Aber so war das damals kurz nach dem Ende der DDR, aus vielen Träumern wurden Unternehmer. Gut so, sie unternahmen etwas, um ihre Träume wahr werden zu lassen. Seit 2004 steht die größte mobile Kinoleinwand der Welt mit einer Projektionsfläche von 448 Quadratmetern am Elbufer. Sie kann, um tagsüber optisch nicht zu stören und weniger windanfällig zu sein, eingefahren werden. Wird sie um 90 Grad gedreht, dient sie als Dach der Bühne bei Konzertaufführungen. Die Bildfläche ist 32 Meter breit und 14 Meter hoch.

Das Königsufer, das jetzt so unbeschwert genutzt wird, trägt seine Geschichte mit sich. Denn während des großen Stadtumbaus ließ ab Oktober 1933 der NSDAP-Bürgermeister Ernst Zörner das Neustädter Königsufer neu gestalten. Unterhalb des Ministeriums entstand das sogenannte »Forum für nationale Kundgebungen«, ein einer Thingstätte ähnliches Freilufttheater, errichtet 1936 anlässlich der Olympischen Spiele. Die Reste davon sind heute das Areal für die Fimnächte.

Während heute Filme laufen oder Bands spielen, können Besucher an Ständen Bier und Bratwurst kaufen. Draußen vor dem Absperrzaun lagern indes Hunderte Besucher auf den Wiesen. Sie bringen ihre Picknick-Körbe mit und lauschen den Klängen. Naidoo will wieder kommen. Die Kulisse ist einfach traumhaft.

Sparkasse
filmnächte am elbufer
DREWAG

Tierischer Flughafen für Wasservögel

Die Flamingos planschen, fressen Krebse und Algen, stehen auf einem Bein und kümmern sich nicht um die Zoo-Besucher.

27

Sie stehen immer dort. Auf einem ihrer Strohhalmbeine im rosafarbenen Gefieder. Sie lärmen, planschen, stolzieren, kuscheln, balgen. Die Flamingos kümmern sich nicht um die Besucher wie etwa der Vogel Emu aus der Nachbarschaft, der Kindern gern die Lollies klaut.

Die roten Vögel scheinen nur für sich da zu sein, Flucht ausgeschlossen. Sie haben den 150 Jahre alten Zoo als ihr Paradies akzeptiert. Schließlich passt der Speiseplan. Es gibt lecker Algen und Krebse. Die färben die Federn so schön rosa. Dass manch Vater meint, derselbe Flamingo sei ihm schon als Kleinkind begegnet, liegt daran, dass die Tiere bis zu 30 Jahren alt werden. Sie kommen eigentlich aus der Karibik, Afrika oder Süd- und Mittelamerika, haben deshalb mit dem kühleren Sommer in Deutschland kein Problem.

Der Dresdner Zoo ist ein Refugium für Vögel: Eulen, Flughühner, Enten, Gänse, Geier, Adler, Kraniche, Zwergtaucher, Papageien, Meisen, Finken, Zeisige, Reiher und Pelikan. Ein tierischer Flughafen, wobei die meisten Vögel als Bodenpersonal arbeiten. Ihnen wurden die Flügel gestutzt. Ein alter Geier sitzt schon ähnlich lange wie die Flamingos in seinem Vogelkäfig. Er beäugt die Gäste schal und man ahnt die Verachtung, mit der das Tier die Zweifüßer an sich vorüberziehen lässt. Er kennt sie alle.

Der Zoo, immerhin der drittälteste Deutschlands, litt bis zum Ende der 90er-Jahre daran, dass dem Tiergarten in der Nachbarstadt Leipzig alle Aufmerksamkeit geschenkt wurde. Der Zoo verblieb in den Grenzen der 80er-Jahre und galt lange als beengt und veraltet. Nur die Elefanten bekamen ein neues Afrikahaus. Die Pfleger gingen eine Zweierbeziehung mit den Riesen ein, sie liefen mit ihnen quer durch den Garten, ließen sie auf Kommando tanzen. Ein putziger Zoo-Zirkus, der mit einer modernen Tierhaltung nicht mehr viel zu schaffen hatte. Die Freude über einen selbst gezüchteten Elefantenbullen trübte sich, weil er, pubertär geworden, seine Pflegerin krankenhausreif rammte.

Nach 2000 jedoch bekam der Zoo ein neues Affenhaus, Giraffen, die lange fehlten, gibt es wieder, die Pinguine paddeln in einem neuen See mit Fenster. Dieser Zoo ist beschaulich, erholsam, ein Ort zum Wohlfühlen für die Familie. Bei den Flamingos übrigens sind Männchen und Weibchen kaum zu unterscheiden. Gleichgeschlechtliche Ehen fallen so nicht auf. Alles ist rosa.

Flamingohain im Zoo

Tiergartenstraße 1 | 01219 Dresden
Telefon 0351 478060 | www.zoo-dresden.de

Das Glück einer großen Versöhnung

Blick von der Plattform der Frauenkirche auf den Neumarkt. Der Aufstieg kostet pro Person acht Euro und muss erlaufen werden.

28

Die Himmelfahrt mit dem Aufzug in der Frauenkirche stoppt abrupt. Danach geht es nur per pedes weiter. Spiralförmig läuft es sich stufenlos immer höher, zweieinhalb Mal himmelwärts. 24 Meter über den Pflastersteinen des Neumarktes beginnt der Wendelgang zur Aussichtsplattform. Baumeister George Bähr verzichtete auf Stufen, weil Steine schleppende Packesel beim Stolpern maulen. Wenn der Esel schon hoch läuft, dann soll es glatt gehen. Rund um die Kuppel windet sich der Weg mit 14 Prozent Steigung auf die Plattform von Dresdens Notre Dame.

Hier oben weitet sich wunderbar der Blick über der Stadt, direkt darunter liegt der Neumarkt. Die Elbe windet sich von hier matt zwischen den Hängen, Schiffe lösen aus ihren Dampfhupen lüstern das Startsignal. Der Schiffsruf schwebt an der Plattform vorbei. Es weht der Stadtduft durch die offenen Sandsteinfenster. Hier erlebt der Besucher Glücksmomente.

Schon vor der Eröffnung im Jahr 2005 versuchten die Stiftungsverantwortlichen auf der Plattform ihr Glück, losten die Karten für das Eröffnungsfest aus. Vermutlich, um dem göttlichen Obernotar ein Stück näher zu sein. Danach jedoch passierte ein Computerfehler und ein Teil der Spender bekam erst eine Einladung und dann eine Ausladung. Den meisten wäre es andersherum lieber gewesen. So saßen die Ausgeladenen dann zur Weihe des Gotteshauses am Fernsehen und schauten zu, wo die Gewinner saßen. Alle zusammen aber feierten sie den Wiederaufbau als Wunder.

Verloren schien das Gotteshaus über 40 Jahre. Es standen die schwarzen Sandsteinreste wie vergessene Scherenschnittzacken auf einem Schutthaufen. 22 000 Kubikmeter Trümmer lagen da, 8 000 Sandsteinwerkstücke wurden seit 12. Februar 1993 fünfzehn Monate lang daraus geborgen, Stadtregale lagen voll mit sortiertem Mauerwerk. Unter dem Gestein fanden Bauarbeiter das einst vergoldete Turmkreuz. Und so wie 1726 die Bürger der Stadt für den Bau der Frauenkirche spendeten, halfen Freunde aus der ganzen Welt mit Spenden beim Wiederaufbau.

Eberhard Burger war der Baumeister des Wiederaufbaus. Manchmal geht er auf die Aussichtsplattform, blickt über seine Stadt, die er so liebt, die es ihm aber nie leicht machte. Unter ihm standen schon Millionen Besucher aus aller Welt in der Kirche, auch der amerikanische Präsident Barack Obama, der lange in die Kuppel staunte. Hier steht ein Denkmal, das ohne die Versöhnung mit den Amerikanern und den Engländern nicht vorstellbar wäre. Eine Plattform für Frieden.

Frauenkirche

Neumarkt | 01067 Dresden
Telefon 0351 65606100 | www.frauenkirche-dresden.de

Eiskaltes Wasser für heiße Stunden

Das Freibad Mockritz mit Teich, ideal zum Schwimmen, zur Erholung und zum Camping, stadtnah und naturverbunden.

29

Als Jungs saßen wir auf der Bank in der Sonne und ließen uns die Bäuche bräunen. Wir liefen breitbeinig zum Startblock und schossen als Bombe ins Wasser. Als pubertierender Knabe möchte man vor allem Wellen machen. Das Freibad Mockritz eignet sich nach wie vor hervorragend dafür. Und das Wasser kommt nicht aus irgendwelchen chlorgefüllten Kanistern, sondern aus einem Bach.

Der Name des Stadtteils Mockritz, in dem das Bad liegt, leitet sich vom altsorbischen Wort mokry her, was feucht bedeutet. Hier ist ein Ort, wo man an der Quelle sitzt. Dort gab es schon im 17. Jahrhundert eine Mühle, die bis 1875 vom Wasser angetrieben wurde. Der Mockritzer Badesee geht auf den früheren Münzsee zurück. Dieser wurde im Jahr 1621 von Kurfürst Johann Georg I. zur Wasserversorgung der Dresdner Münze angelegt. Deshalb führt heute noch der Münzteichweg zu dem Bad. 1646 nutzt man den Teich dann zugleich als Fischteich. Nach dem Umzug der alten Münze war er jedoch überflüssig, er wurde 1882 an einen englischen Unternehmer verkauft, der aus dem Wasser Kühleis herstellte.

Doch als nach der Erfindung des Kühlschrankes keiner die eisigen Blöcke mehr benötigte, sickerte das Wasser vor sich hin, bis 1920 aus einem Teil der Teichanlage das Naturbad entstand. Besonders cool darin ist die Kneippanlage, durch die vor allem ältere Damen waten. Junge Kerle stelzen stolz im Stechschritt durch die kalte Brühe. Eigenartiges Balzverhalten.

Insgesamt bietet Dresden elf Freibäder. Bei über einer halben Million Einwohner nicht gerade viel. Entsprechend überlaufen sind die Bäder bei heißen Temperaturen. Das Arnhold-Bad in der Innenstadt verliert dann jeglichen Reiz. Doch in Mockritz lässt es sich immer gut baden.

Ganz in der Nähe befindet sich ein Campingplatz. Hier sind Familien mit Wohnmobilen, Wohnwagen, Zelten und Haustieren willkommen. Fahrradfahrern, die beispielsweise aus Richtung Hamburg den Elberadweg heruntergeradelt kommen, bieten sich hier günstige Übernachtungsmöglichkeiten. Der Betreiber vermietet Zimmer, im Restaurant »Mockritzer Pfanne« lässt sich gut speisen.

Als Jungs schlugen wir hier ebenfalls unsere Zelte auf, trafen wir das erste Mal Holländer mit ihrem Wohnwagen und zeigten ihnen die Stadt. Im Anschluss gingen wir mit der Tochter baden und machten sie nass. Sie nahm es gelassen, schrieb später Briefe, wie schön es war.

Freibad Mockritz

Münzteichweg 22 b | 01217 Dresden
Telefon 0351 4718201 | www.freibaeder-dresden.de

Ort des Grauens und der Hoffnung

Im ehemaligen königlich sächsischen Landgericht erzählt heute eine Ausstellung die Geschichte der Hinrichtungsstätte.

30

So verlogen kann nur ein Staat bauen. Macht nach außen demonstrierend und innen Platz für perfide Methoden. Am Münchner Platz steht dieses Gebäude, kräftige Mauern, eine Burg mit Uhr am Turm, die Fassade unaufgeregt grau und dahinter Funktionsgebäude. 1902 bis 1907 erbaut als königlich sächsisches Landgericht, während der Nazizeit und gleitend übergehend von den Sowjets und bis 1956 von der DDR-Justiz genutzt als Gericht, Gefängnis und Hinrichtungsstätte. Insgesamt 1300 Menschen verloren hier ihr Leben.

Die Gräuel dieser doppelten Vergangenheit zeigte seit 1959 eine Ausstellung der antifaschistischen Mahn- und Gedenkstätte. Den nachfolgenden Teil der Historie sparte sie aus. Erst nach 1990 kam der in der Gedenkstätte Münchner Platz vor. Die anderen Häuser und Räume nutzt seit 1959 die TU. Wissenschaftler und Studenten nahmen dem Ort das Grauen, aber vergessen werden sollte es niemals. Hier tagten Sondergerichte, seit März 1933 bei den Landgerichten eingerichtete Spezialstrafkammern und der im April 1934 zur Aburteilung von Hoch- und Landesverrat gebildete Volksgerichtshof. Nach der Annexion des Sudetengebiets 1938 und der Bildung des »Protektorats Böhmen und Mähren« im März 1939 wurden in diesen Gebieten deutsche Land- und Oberlandesgerichte eingerichtet.

Hier vollstreckten Beamte Todesurteile des Sondergerichts Prag. Nach der Besetzung Polens kamen Verurteilte des Oberlandesgerichts Posen nach Dresden, um am Münchner Platz hingerichtet zu werden. Auch Todesurteile der Wehrmachtsjustiz oder des Reichsgerichts wurden vollstreckt. Später nisteten sich an eben diesem Platz die sowjetischen Richter ein, vollstreckten Urteile gegen Nazis, aber gleichfalls gegen angebliche Gegner des neuen Systems, darunter Kommunisten. Im Hof schickte eine Fallschwertmaschine die Gefangenen in den Tod.

Die Exposition der Gedenkstätte will diese Kapitel deutscher Geschichte ausführlich und neu erzählen. Ab 2012 öffnet sie komplett überarbeitet. Im Innenhof lässt die Figurengruppe von Arndt Wittig ahnen, was für Leid Menschen hinter diesen Mauern erfahren mussten. Politische Justiz schlägt immer fehl. Doch wer heute die vielen Studenten sieht, erlebt gute Zeiten. Die Technische Universität gehört längst zu den besten deutschen Hochschulen, hätte den Elitestatus verdient. Es gibt neue Gebäude für Studenten, die licht, transparent und dem Lernen förderlich sind. Auch so kann ein Staat bauen.

< 70 | 71 >

Gedenkstätte Münchner Platz

Münchner Platz | 01187 Dresden
Telefon 0351 46331990 | www.stsg.de/cms/dresden/startseite

Kleines Schutzhaus vor großem Palais

Am rechten Elbufer gegenüber dem Maritim-Hotel steht der Glockenspielpavillon, der 1990 wieder entstand, seit 1945 fehlte er.

31

Die Glocken schlagen sanft. Manchmal trägt der Wind die kleine Melodie weit fort, manchmal bleibt sie gefangen zwischen Elbe und Japanischem Palais. Geläutet wird in keiner Kirche, sondern in der Spitze des Daches eines Pavillons. 45 Jahre lang war er verschwunden. Sein Wiederaufbau gleicht einem dieser vielen kleinen Wunder in Dresden.

1938 gestaltete der Stadtbaudirektor Paul Wolf das Elbufer neu, vom Rosengarten bis zur Marienbrücke. Und kurz bevor die das Stadtzentrum abriegelt, steht dieses Schutzhaus, offen, gestützt von sechs Säulen, mit Kupferdach und Glockenspiel. Ein Blickfang der niedlichen Art. 1945 ging das Häuschen im Feuersturm zu Boden, erst 1990 ließen es die Stadtväter wieder aufbauen. Zur Freude der Dresdner, die bei schönem Wetter scharenweise zu dem Pavillon pilgern oder mit dem Rad fahren, kurz halten, warten, ob es läutet.

Vorn fließt die Elbe, breitet sich die Altstadt aus, dahinter liegt ein kleiner Park und darin erhebt sich das Japanische Palais. Ein etwas vergessener Bau, der als Provisorium mit unterschiedlicher Nutzung überlebt und immer neuen Visionen dient, die schlimmste hieß Casino. Ursprünglich ließ es sich 1715 Graf Flemming als Landhaus erbauen. Allerdings riss es sich alsbald August der Starke unter den Nagel, um hier sein Porzellanschloss bauen zu lassen, ausgestattet mit dem weißen Gold aus Meißen und Asien. Sein Thron in der Mitte, natürlich aus Porzellan. Sein Traum scheiterte an politischen Ränkespielen und Geldmangel.

Bis heute träumen die Sachsen von diesem Schloss, Ministerpräsident Tillich nutzte die Idee kühn im Wahlkampf und versprach, aus dem Haus wieder ein Porzellan-Palais zu zaubern. Ein Porzellanmuseum mit den besten Stücken aus der Porzellansammlung im Zwinger und der Manufaktur in Meißen, das stieß auf viel Gegenliebe. Der Mann bekam sein Amt, der Traum zerfiel wie eine abgestürzte Vase. Dieses Porzellanmuseum wird es nicht geben. Politik kann so deprimierend sein.

Der Dresdner jedoch lässt sich nicht gern unterkriegen und so stellt er sich in den Pavillon, schaut nach vorn, sieht die Dampfer vorüberziehen und erfreut sich am Klang des Glockenspiels. Vielleicht wird es ja doch noch was mit dem Porzellanschloss, schließlich erschufen die Sachsen einst auch echte Porzellanglocken. Die hängen im Glockenpavillon im Zwinger. Von Glockenspiel zu Glockenspiel zu spazieren, hat wirklich Charme.

Glockenspielpavillon

Große Meißner Strasse 15 | 01097 Dresden
www.westin-dresden.de

Die Revolution unterm Strick

Hier in der großen Eingangshalle hing einst der Strick von der Decke und an ihm eine Lampe.

32

Dresdner treffen sich unterm Strick. Zu sehen ist er nicht. So ist der Dresdner, er denkt sich seinen Teil. Zug um Zug. Jenen, die nichts vom Strick wissen, wird die Sache erst erklärt, wenn sie dazugehören wollen. Sonst verpassen sie den Anschluss. Der Strick hing einst von der Decke im Hauptportal der Empfangshalle und an dem Strick hing eine Lampe. Lang ist es her.

Der Strick erzählt einiges über Dresden. Denn der Hauptbahnhof, der an ihm hing, sollte aussehen wie in London und Paris. So der metropolische Anspruch an die Architekten. 1898 eröffnet deshalb das Bauwerk als Symbol des Industriezeitalters, als Kathedrale des modernen Verkehrs. Dresden hatte sich in der Gründerzeit zur deutschen Großstadt gemausert und brauchte ein Tor zur Welt.

Der Bahnhof erzählt einiges über die Stadt, denn er ist weder Kopf- noch Durchgangsbahnhof, sondern beides zugleich. Dresden hat längst den Kompromiss, den Stuttgart nie findet. Das Empfangsgebäude umfasst eine Fläche von rund 4 500 Quadratmetern. Darüber thront die Statue der Saxonia, der Patronin Sachsens mit den seitlich angeordneten Allegorien von Wissenschaft und Technik. Für das Tragwerk der Bahnsteighallen verwendete die Stahlbaufirma einst 17 000 Tonnen Stahl, das Mauerwerk besteht selbstverständlich aus Elbsandstein.

Nach der Flut 2002 gab es erneut metropolische Ansprüche. Da verschwand der Strick. Der britische Stararchitekt Lord Norman Foster, der in Berlin die Kuppel auf dem Reichstag erdachte, bedachte den Bahnhof. Seitdem ist er lichthell, es gibt neue Restaurants und viele Geschäfte. Das Dach wurde bespannt mit einer 0,7 Millimeter dicken Glasfasermembran mit einem Teflonüberzug von beiderseits je 0,1 Millimeter. Angeblich selbstreinigend, 50 Jahre haltbar und standhaft bis zu 150 Kilonewton pro laufendem Meter. 2010 begann das Wunderwerk des Lords zu reißen, und keiner will es gewesen sein.

Der Strick hätte hängen bleiben müssen, denn er war auch Symbol einer Nacht, die das Land DDR änderte. Am 1. Oktober 1989 fuhren sechs Flüchtlingszüge aus Prag durch den Hauptbahnhof in die ersehnte Bundesrepublik. Auf diesen Zug wollten viele aufspringen. Vom 4. auf den 5. Oktober standen Tausende am Bahnhof. Es kamen immer mehr, Polizisten schlugen zu. Am 8. Oktober begann ein Dialog mit der Staatsmacht, es gründete sich die Gruppe der 20. Jetzt änderte sich alles. Manchmal beginnen Revolutionen im Bahnhof unterm Strick.

Hauptbahnhof – Unterm Strick

Am Hauptbahnhof | 01069 Dresden
www.bahnhof.de

Trauerndes Mädchen schaut ins Tränenmeer

Zum Gedenken an die Opfer der Luftangriffe des 13. Februars 1945 spendete eine Dresdnerin die Trauernde.

33

Sie neigt den Kopf nach unten. Sie schaut in ein Tränenmeer. Ihre Hände weisen überkreuz nach beiden Seiten. Es scheint eine Bitte. Sagt mir die Wahrheit. Ihre Füße sind nackt, ihr Kleid schlicht, wenn sie weiter geht, versinkt sie in Tränen. Zurücklaufen wäre die falsche Richtung. Das Wohin bleibt eine Frage. Denk mal nach.

Das Trauernde Mädchen steht auf dem Heidefriedhof zwischen Bäumen. Es rauschen die Blätter und von fern schwappt das Rauschen der Autobahn in die Grabesstille. Das Mädchen lebt und trägt die Trauer ihr Leben lang in sich. Stadt in Flammen, Mutter erstickt im Keller, Vater gefallen irgendwo im Schützengraben, Freundin vermisst zwischen den Trümmern, Freund verbrannt mit tausend anderen Leichen. Das regt sich in jedem Traum.

Helga Barbara Petzold erging es so, sie studierte Medizin, wollte Menschen heilen, wollte ihrer Trauer eine Fassung geben. Sie spendete das Geld und die Künstlerin Malgorzata Chodakowska schuf die Skulptur. Modell stand Nora, ein Mädchen von heute, eine Tanzschülerin der Palucca-Schule, die von der Trauer nur erzählt bekam. In Dresden bekommt jeder von dieser Trauer erzählt.

Der Platz auf dem Heidefriedhof ist gut gewählt, weil das Mädchen dem Ort eine unberührte, ungestüme Trauer schenkt. Denn auf dem Friedhof wird jährlich der Opfer des 13. Februar 1945 offiziell gedacht. Der Ort steckt voller Symbole, manchmal uneindeutig. 1927 als Friedhof für jüdische Beisetzungen gedacht, verhinderten die Nazis diese Idee, 1936 fand die erste Urnenbeisetzung statt, die erste Erdbestattung im Jahr darauf. Es entstand ein Hain für die Gefallenen des Ersten Weltkrieges, eine Gedenkstätte in Form eines altgermanischen Thingplatzes.

Ein Teil der Toten der Luftangriffe auf Dresden wurde auf dem Heidefriedhof beerdigt, 1948 die Symbole der Nazis beseitigt, 1951 entstand zwischen Hauptweg und dem Rondell eine Gedenkstätte für die Opfer des Faschismus. Symbol dieser Anlage war das auf der Spitze stehende rote Dreieck. Hinzu kam eine zentrale Opferschale, die von 14 Sandsteinsäulen umgeben ist, 14 Orte, stellvertretend für die Stätten des Krieges. Für die Vernichtungslager stehen sieben Säulen, für die Konzentrationslager von Auschwitz, Bergen-Belsen, Buchenwald, Dachau, Ravensbrück, Sachsenhausen und Theresienstadt.

Das Trauernde Mädchen senkt den Kopf, schaut ins Tränenmeer, der Himmel reißt auf, die Sonne spiegelt sich und gibt Hoffnung.

Heidefriedhof

Moritzburger Landstraße | 01129 Dresden
Telefon 0351 8498958

Das heilige Wasser der Mönche

Die Quelle in Leubnitz-Neuostra fließt im Sommer genauso wie im Winter und das Wasser soll heilende Kraft besitzen.

34

Es gibt einen Weg, der führt ans Ende der Stadt. Schmal, immer am Bach entlang. Oben am Fuchsberg lässt es sich leben, weil hier ein Dorf den urbanen Stress ignoriert. Der Ort am Rande von Dresden heißt Leubnitz-Neuostra, eine alte slawische Siedlung rund um den Klosterteichplatz.

Das Wasser fließt aus dem Heiligen Born, einer Quelle, die auch im strengsten Winter nicht einfriert. Im 12. Jahrhundert kamen Mönche aus dem nahen Kloster, um ihren Durst zu stillen. Sie errichteten in der Nähe eine kleine Kapelle, um die hier einst siedelnden Slawen taufen zu können. Eine feuchte Bekehrung zum Christentum. Bis zur Reformation war der wässrige Ort Ziel von Wallfahrten. Das Wasser, so redeten die Mönche den Menschen ein, besitze heilende Wirkung. Ein Gesundbrunnen. Warum nicht, Glaube kann doch auch Berge versetzen.

Aus dem Born tranken später die sächsischen Könige, denn seit Mitte des 16. Jahrhunderts verlief eine hölzerne Rohrleitung von Leubnitz bis in den Hof des Residenzschlosses. Und das bis ins Jahr 1939. Sonst durften nur noch die Anwohner aus der Quelle schöpfen. Noch heute schicken Eltern ihre Kinder Ostern dorthin, Wasser zu holen. Die einen meinen, es verleihe noch immer Kraft gegen Krankheiten, andere träumen davon, die Sage möge stimmen, dass sich in der Nacht die Tropfen in Wein verwandeln. Wer allerdings auf dem Weg zum Brunnen quatscht, verliert, denn das Nass wird so zu Quasselwasser, einem Gesöff für Marktweiber.

Wer den Weg vom Brunnen weiter ins Tal geht, läuft mit Ausdauer bis nach Bannewitz. Zum Glück entstand aus dem Weg nie eine Straße, wie es 1908 die Stadt plante. Es reicht schon, dass ganz hinten die Autobahn das Tal mit Dauerrauschen füllt. Vorbei geht der Weg an Kleingärten, die seit 1919 erblühen. Sie stehen auf einer alten Lehmgrube. Lehm schlammt hier nach wie vor. Vor allem wenn das Bächlein Heiliger Born zum Fluss Eiliger Zorn anschwillt. Weil es ab und an noch höhere Wellen gab, die bis ins Dorf schwappten, baute die Stadt 1955 ein Becken, um die Fluten zurückzuhalten.

Vor allem im Frühling gibt es kaum einen schöneren Ort im Dresdner Süden. Hier ist Schlendern angesagt. Pärchen hocken auf den Wiesen und knutschen, bis der Sommer kommt. Hier treiben es Vögel wild und zwitschern Ohren taub, ganz so, als würde es die nahe Stadt nicht geben. Beim dritten Schritt auf dem Weg zum Heiligen Born hat auch der Mensch sie vergessen.

Heiliger Born

Heiligenbornstraße | 01219 Dresden
www.dresdner-stadtteile.de

Puristischer Bau mit Überlebenswillen

Türen auf für die Vorstellungen im Festspielhaus Hellerau, wo die neue Kunst-Avantgarde des Tanzes und der Musik auftritt.

35

Es muss hier aus einem Brief zitiert werden. »Diese Zeichnungen befriedigen mich vollständig in technischer Hinsicht. Damit will ich sagen, dass mir alle räumlichen Gestaltungsfragen so gelöst zu sein scheinen, wie ich es mir gewünscht hätte. (...) Der Stil seiner Gebäude, ihre Schlichtheit und Harmonie, entsprechen vollkommen dem Stil der rhythmischen Gymnastikübungen.« Was für ein Lob. Die Zeilen schrieb der Großbürger, Philologe und Nationalökonom Wolf Dohrn, potenter Finanzier der Gartenstadt Hellerau.

Noch ein Brief: »Je länger ich über Tessenows Zeichnungen nachdenke, desto unmöglicher erscheint es mir, dass ein Projekt mehr für das Funktionieren wesentliche und unverzichtbare Bedingungen auf sich vereinigen kann. Tessenow hat in fast genialer Weise begriffen, dass sich die Architektur dieses Gebäudes gegenüber dem Leben, das hier erweckt werden soll, zurückhalten muss.« Was für eine Botschaft. Diese Zeilen schrieb Adolphe Appia, Schweizer Bühnenbildner und Theatertheoretiker.

Die Post ging an Heinrich Tessenow, einen puritanischen Geist, der 1912 das Festspielhaus im neoklassizistischen Stil schuf. Dieses Haus mit zwölf Sälen entbehrt mit seinen harmonischen Proportionen jedes schmückenden Beiwerks, es markierte erstmals die Verbindung zwischen dem Guten und dem Nützlichen, ein Meilenstein in der Architektur- und Kunstgeschichte. Der von vier Pfeilern getragene Mittelbau läuft in einem steilen Dreiecksgiebel aus, der wiederum wird von einem einzigen Rundfenster aufgelockert. Eingeschossige Flügelbauten mit einfachen Fensterreihen schließen sich seitlich an. Der Tanzpädagoge und Improvisationskünstler Emile Jacques-Dalcroze richtete an diesem Ort eine moderne Tanzschule ein und wohnte hier, genau wie Paul Claudels, der seine Werke hier erstmals aufführte. Ein avantgardistischer Höhenflug, der mit einer Gruppe linker Intellektueller Dresdner bis in die 1930er-Jahre andauerte. Dann endete die Karriere dieses Hauses. In der DDR geriet es schnell in Vergessenheit, der Roten Armee diente es als Lazarett. Doch nach 1989 erinnerten sich Dresdner an die einstige Künstlerkolonie aus Jungbewegten, katholischen Mystikern, Rhythmikern und Sozialreformern. 1994 begann die Sanierung, zwölf Jahre lang dauerte sie an. Jetzt sitzt hier das Europäische Zentrum für Zeitgenössische Musik und der Tanz kehrte mit der Forsythe Company und Derevo zurück. Ein nützlicher Bau mit Überlebenswillen.

Hellerauer Festspielhaus

Karl-Liebknecht-Straße 56 | 01109 Dresden
Telefon 0351 2646211 | www.hellerau.org

Ein Kunststall für ein Schwein

Die Fama leuchtet golden auf der Kunsthochschule. Das Glasdach nennen die Dresdner wegen seiner Form Zitronenpresse.

36

Ein Schwein schaukelt sich auf der Brüstung hoch, schwenkt die deutsche Fahne und sackt wieder in sich zusammen. Es trägt eine grüne Uniform, es könnte ein Jäger sein, ein Förster oder ein Soldat. Das Schwein ist Kunst und schaut aus dem Fenster der Kunsthochschule. Ein Student bekam 2010 für die Schweinerei sein Diplom. Ein Offizier verklagte den Diplomanten, weil der Uniformträger in dem Uniformschwein einen Angriff auf seine Soldatenehre vermutete. Wenn Kunst gelingt, setzt sie etwas in Bewegung.

Die Betrachter bewegen sich vorbei an dieser Akademie, die altehrwürdig auf der Brühlschen Terrasse steht, 1764 gegründet, damit älteste Hochschule der Stadt, das Haus erbaut von Constantin Lipsius zwischen 1887 bis 1894. An der Fassade leuchten zur Elbe hin in goldenen Letter die Namen der Vorbilder: Pheidias, Iktinos, Praxiteles, Polykleitos, Lysippos, Erwin von Steinbach, Leonardo, Michelangelo, Raffael und Dürer. Und auf der gegenüberliegenden Seite der Spruch: »Dem Vaterland zu Zier und Ehr«. So verstand es auch der Soldat.

Oben über das Sandsteingebäude ragt eine Glaskuppel, die wegen ihrer Form Zitronenpresse heißt. Nur dass dem Saftquetscher aus der Küche die Fama fehlt, die hier kühn auf einem Bein auf einer goldenen Kugel balanciert. Sie kündet vom Erfolg, aber verbreitet zugleich Gerüchte. Davon lebt die Kunst. Je verwegener das Gerücht, desto größer der Erfolg. Hinter den Mauern finden die jährlichen Diplomausstellungen der Absolventen statt. Da laufen die Besucher hin, wollen sehen, was junge Künstler unter Kunst verstehen, Schweine inbegriffen.

Das Gebäude ist kunstvoll. Der Umbau des Oktagons zu einem Ausstellungsgebäude durch das Münchner Architekturbüro Auer und Weber sowie den Dresdner Architekten Rolf Zimmermann erhielt 2007 den Architekturpreis »Nike« in der Kategorie »Detailvollkommenheit«.

Hier lehrten einst Canaletto, Caspar David Friedrich, Gottfried Semper, Oskar Kokoschka, Otto Dix, Robert Sterl, Siegfried Klotz, Max Uhlig, Claus Weidensdorfer. Eine völlig unzulässige Auswahl, aber aller Ehren wert. Hier studieren junge Menschen aus der ganzen Welt, weil sie gehört haben von der Tradition und der Qualität der Ausbildung für bildende Künstler, Restauratoren, Theatermaler und Bühnenbildner, Maskenbildner und Kostümgestalter. Da ist ein grünes Schwein in Uniform ein guter Gag, doch schnell vergessen.

Hochschule für Bildende Künste

Brühlsche Terrasse 1 | 01067 Dresden
Telefon 0351 49267-0 | www.hfbk-dresden.de

Träume leben, lebend träumen

Der Schauspieler Rolf Hoppe ist der Prinzipal für das Theater in Weißig, das in den 1990er-Jahren auf einem alten Bauernhof in entstand.

37

Er läuft den Hügel nach oben. Dann sagt er: »Vielleicht ist der Tod ja das Schönste am Leben.« Rolf Hoppe lebt seine Träume, vor ihm öffnet sich das Tor zu seinem Theater, Hoppes Hoftheater. Ein Dreiseitenhof so wie Richtung Lausitz Hunderte zu finden sind.

Weißig scheint heute ein Gewerbegebiet mit angeschlossener Wohnlandschaft, aber die Wahrheit ist simpler. Kein Weißiger wird beleidigt, wenn einer seinen Ort Kuhdorf nennt. Auf den Wiesen stehen Kühe, Pferde, Schafe, im Wald suhlen sich Wildschweine. Und dort, wo die Hasen dem Fuchs eine gute Nacht wünschen, steht das Theater auf dem Hügel, den der Schauspieler Rolf Hoppe so gern erklimmt. Rundherum liegen andere Höfe, nicht weit eine Puppenbühne, daneben Einfamilienhäuser.

Seit 1995 betreibt ein Verein die Bühne, Hoppe spielt den Prinzipal, er gab seinen Namen, Geld, viele Ideen und steht oder sitzt auf der Bühne. Vor allem Weihnachten kramt er seine liebsten Geschichten aus, liest sie vor, lässt sie entstehen. Träume leiteten den Schauspieler immer. Aber er verträumte sein Leben nicht, sondern fing immer eine neue Rolle an, erst in Nordhausen am Theater, später in Dresden, dann kamen die Defa-Filme und er kam als komisch-böser Cowboy auf die Leinwand, konnte aber zugleich der liebende Vater, der großherzige König, der verständnisvolle Klavierlehrer oder der zornig-hinterhältige Nazi sein. Hoppe wandelt sich urplötzlich vom Guten zum Bösen, vom Erwünschten zum Unheilvollen. Ein unberechenbarer Schauspieler, ein verlässlicher Partner.

Nur so konnte das Theater in Weißig über Jahre bestehen, hier erlebt das Publikum Klassisches von Goethe bis Shaw, Komödien, literarisch-musikalisches Theater, Schauspielerlegenden und Neuentdeckungen, Filmtheater und ku(h)linarische Programme. Da muht sie wieder, die Kuh, denn auf der Bühne wird gekocht, weil Kochshows Spaß bringen und erfolgreich sind. Gegessen wird vor, zwischen und nach den Aufführungen, im ehemaligen Gewölbestall stehen Tische und Stühle wie im Esszimmer oder in der Stube zu Hause, Kerzen flackern, Weine werden ausgeschenkt und Fettbemmen geschmiert. Im Sommer sitzen alle draußen, in Feuerschalen brennt Holz. Kann sein, dass einer ein Lied anstimmt und Rolf Hoppe am lautesten singt. Wenn alle in bester Stimmung sind, geht er den Hügel wieder runter. Nach Hause in seine Blockhütte nicht weit vom Theater.

Hoppes Hoftheater

Hauptstraße 35 | 01328 Dresden-Weißig
Telefon 0351 2506150 | www.hoftheater-dresden.de

Das Museum vom Menschen

Die wissenschaftliche Bibliothek im Hygiene-Museum am Lingnerplatz steht Forschern offen, Anmeldung ist nötig.

38

Der Typ hieß Kundi, ein kundiger Geselle, ein Naseweis, der Kindern ziemlich auf die Nerven ging. Der Wicht kämpfte mit Klassenfeinden der besonderen Art: Dreckfinger, Stinkfuß, Tropfnase, Faulzahn und Schwarzohr. Seine Waffen waren Zahnpasta und Waschlappen. Ausgerüstet mit einem magischen Fernglas, einem Telefon und Kontrollmonitor beobachtete er den Nachwuchs, ob er seine Empfehlungen auch befolgte. Kundi war im doppelten Sinne Aufklärer.

Und weil 1989 selbst eine Comic-Figur mit Staatsnähe verdächtig schien, wurde Kundi abgewickelt. Dabei wäre er bei dem heutigen Zuckerverbrauch der Kurzen nötiger denn je, hygienische Grundregeln sind systemübergreifend gleich. Die Methodik der Kundi-Vermittlung jedoch hatte sich schon in den 80er-Jahren überlebt, der pädagogische Zeigefinger des kleinen Botschafters griff nicht mehr.

Aber Kundi verband jeder zwischen Suhl und Rostock mit dem Museum in Dresden, das über die Idee seiner Abschaffung im Zuge der Revolution völlig erhaben war. Denn hygienische Aufklärung des Menschen erfand kein SED-Funktionär, sondern gehörte Anfang des 20. Jahrhunderts zum gesamtdeutschen Reformgedanken. Wissen über den eigenen Körper zu erwerben, um sich zu pflegen, wurde mehr und mehr zum Massenphänomen. Lingner verkaufte erfolgreich sein Mundwasser, aber vor allem eine Idee. Er war einer der ersten genialen Marketingstrategen und so startete er 1911 die Erste Hygiene-Ausstellung, offiziell eine Volksbildungsstätte für Gesundheitspflege. Ein echter Knaller, fünf Millionen Besucher kamen nach Dresden. Die Grundlage für das Hygiene-Museum war gelegt.

Für die zweite Hygiene-Ausstellung ließ Lingner vom Architekten Wilhelm Kreis das Museum am Blüherpark bauen. Und so steht es seit 1930 bis heute noch dort. Der Hit damals: Der gläserne Mensch, der später von Dresden aus in die ganze Welt exportiert wurde. Das Haus diente in der DDR als Zentrum der gesundheitspolitischen Aufklärung und nach 1989 hielt der Gedanke, wurde erweitert zum Museum vom Menschen. Inzwischen ist es saniert, sieht fantastisch aus, gerade Linien, viel Glas, Licht, mit bester Technik ausgestattet und visionäre Methodik vermittelnd. Es dient als Ausstellung und Wissenschaftszentrum mit Bibliothek. Um dort zu arbeiten, muss man sich anmelden.

Kinder tummeln sich in dem Museum massenhaft, denn sie können die Biologie des Menschen erleben, anfassen und begreifen.

PHYSIOLOGIE
PATHOLOGIE

Industriegelände der Kreativen

In den alten Werkhallen aus Backstein wurde früher Militärgerät hergestellt, bei dem Bombenangriff 1945 blieb alles ganz.

39

Hier im Dresdner Norden arbeiten seit 1998 die Kreativen der Stadt. Architekten, Fotografen, Designer, Partymacher, Konzertveranstalter. Sie bauten sich ihre Werkstätten und Clubs in die alten Industriehallen, starteten neue Karrieren und schufen Arbeitsplätze. Ohne Aufsehen.

Als die Stadtverwalter im Dresdner Rathaus davon erfuhren, hätten die einen Wirtschaftsförderer in das neue Kreativzentrum schicken können. Das taten sie aber nicht. Sie schickten ihren Brandschutzbeauftragten. Der stöberte durch die Hallen und ließ einen Teil der Werkstätten schließen, weil seine Verordnungen nicht eingehalten wurden. Das war im Jahr 2003. Ein Akt bürokratischen Starrsinns. Die Kreativen ließen sich nicht beirren. Jetzt brannte die Luft erst richtig. Denn nach der Arbeit laufen hier im Industriegelände heiße Partys.

Erbaut wurden die Hallen jedoch nicht für Kreative, sondern für eine organisierte Produktion zur Versorgung des Militärs, das sich ab 1873 in der Albertstadt niederließ. Hier herrschte Zucht und Ordnung, die Produktionsstätten wurden erbaut für das Überleben, vorzugsweise aus Backstein, Beton und Stahl. Die Werkhallen beherbergten Schmieden, Formereien, Gießereien, Stellmachereien, die das Kriegsgerät in Ordnung halten sollten. Außerdem stand auf dem Gelände der Provianthof und ab 1901 ein Kraftwerk. 1916 kam eine Munitionsfabrik hinzu.

Hier, am Rande der Stadt, war ein diszipliniertes Klein-Manchester entstanden, das sich bis 1918 vergrößerte, da bekam es den Namen Industriegelände. Denn die Deutschen verloren den Ersten Weltkrieg und sollten sich demilitarisieren. In den Hallen wurde die Produktion auf ziviles Gut umgestellt, aber die Nazis erinnerten sich später daran, dass im Dresdner Norden genug Wissen und Arbeiter vorhanden waren, um wieder mit der Militärproduktion anzufangen. Und sie fingen an, stellten beispielsweise Funkgeräte, Steuerungen für Torpedos und Turbinen für U-Boote her. Ein florierendes Geschäft, das nicht einmal die Alliierten bei ihrem Angriff auf die Stadt zerstörten. Während die Altstadt in Schutt und Asche versank, blieben die Produktionsstätten des Krieges unberührt. Erst in der DDR fand hier Abrüstung statt, ein volkseigener Betrieb stellte Strömungsmaschinen her.

Und jetzt herrscht wirklich Frieden, denn zwischen den alten Backsteinmauern wird gedacht, gezeichnet, gefeiert. Gebrannt hat es noch nie in den Hallen, die man unbedingt besuchen sollte. Mindestens, um den Kreativen Mut zu machen.

Industriegelände

Hermann-Mende-Straße | 01099 Dresden
www.dresdner-stadtteile.de

Der Jazz der Tonne lebt

Aus dem Gewölbe des Kurländer Palais schaufelten einst Dresdner Schutt, gründeten die IG Jazz und nannten ihren Club Tonne.

40

Hier liegt Musik drin. In den Kellergewölben spielten Musiker 16 Jahre lang Jazz. 1981 eröffnete in den Kellergewölben des Kurländer Palais die Tonne. Generationen von Jazzfans zog es in den Club, draußen vor der Tür standen sich Frauen und Männer die Beine in den Bauch, um in den rauchgetränkten Sandsteinuntergrund zu kommen. Vorn auf der Bühne spielten Musiker ihren Jazz, manchmal melodisch, oft frei improvisiert. Die Menge aß Fettbemmen und trank literweise Bier, philosophierte darüber, was in diesem Land unbedingt passieren muss.

1977 hatte sich die Interessengemeinschaft Jazz (IG Jazz) gegründet, begeistert pflegte sie die Musik, von der heute erzählt wird, dass sie in der DDR verboten gewesen sei. Die Tonne lieferte den Beweis, dass der Jazz lebte, wenn auch im Untergrund der Stadt. »Tags in der Sonne, nachts in der Tonne« gehörte zur Weltanschauung vieler Dresdner; Abiturienten, Studenten, Dozenten und arbeitende Intellektuelle oder intellektuelle Arbeiter kamen und feierten ihre Lebensart.

Über ihnen klaffte der Sozialismus und ließ die Ruine des einst herrschaftlichen Rokokogebäudes vergammeln. Den Abriss verhinderten Dresdner, genauso wie sie es mit viel Renitenz und Cleverness schafften, die Abrissbirne vom Schloss abzulenken. Seit 1945 standen die Restmauern gegenüber dem Hauptquartier der Volkspolizei und dem Hochhaus am Pirnaischen Platz, auf dem jahrelang leuchtend rot Buchstaben verkündeten »Der Sozialismus siegt«. Noch zehn Jahre nachdem die Leuchtschrift Lügen gestraft wurde, stand das Palais, in dem seit 1718 Graf Christoph August von Wackerbarth, Festungsgouverneur, Generalfeldmarschall und Oberinspektor des kursächsischen Bauwesens, mit Amts- und Wohnsitz residierte, geschlossen zwischen all dem Aufbauwillen. 2008 eröffnete es restauriert wieder. Heute finden in der oberen Etage vom Eventkönig der Stadt organisierte Partys statt. Mirco Meinel nutzte den großen Saal mit seinem morbiden Sandsteincharme für Musikmenüs oder Kleinkunstfeste.

In dem Palais tagte zu Zeiten Augusts des Starken das Kollegium der Nüchternheitsgegner, im Keller befand sich ein großes Wein- und Spirituosenlager. Nach 1813 war hier ein Lazerett, später Chirurgische Klinik und Hebammeninstitut. Doch heute gibt es im Parterre wieder Wein und beste Speisen. Im Keller allerdings fehlt noch immer der Jazz. Ein erster Versuch, die Musik-Tradition wieder aufleben zu lassen, schlug fehl. Dabei lebt der Tonne-Jazz noch immer in vielen Herzen.

Jazzclub Tonne im Kurländer Palais

Tzschirnerplatz 3–5 | 01067 Dresden
Telefon 0351 2152770 | www.kurlaender-palais.com

Letzte Ruhestätte Erich Pontos

Das Tolkewitzer Krematorium symbolisiert Ruhe und Vergänglichkeit. Die historische Fassade wurde kürzlich wiederhergestellt.

41

Es war im April 2007. Dresdner Schauspieler kamen, schwarze Mäntel tragend, sich leise umarmend. Eines ihrer großen Vorbilder fand auf dem Johannis-Friedhof seine letzte Ruhestätte. Erich Ponto. Er hatte schrullige Käuze und skurrile Sonderlinge gespielt, konnte gelassen-heiter wie diabolisch wirken. Es gab selten einen Schauspieler, der in die Stadt kam und den die Dresdner so verehrten, als wäre er immer hier gewesen.

Von 1914 bis 1947 lebte und arbeitete der Lübecker an der Elbe. Dann verließ er die Stadt, weil er hier nicht mehr frei spielen konnte. Im Dritten Reich hatte er sich arrangiert, scheinbar unpolitisch. Unvergessen wurde er durch seine Rolle als Professor Crey in dem Film »Die Feuerzangenbowle«.

Nach seinem Tod am 4. Februar 1957 bekam er zunächst ein Urnengrab in Stuttgart, später wurde er auf den Hamburger Friedhof Nienstedten umgebettet, dann veranlasste die Familie, dass er zurück in jene Stadt kommen sollte, die er am meisten geliebt hatte. Die Schauspieler begleiteten ihn auf seinem letzten Weg.

Das Grab liegt zwischen großen Bäumen, in der Nachbarschaft ruhen andere Tote, die viel für die Künste der Stadt getan haben. Dieser Friedhof kennt sie alle, Grabinschriften sind wie ein Lexikon der Dresdner Kulturgeschichte. Der Johannisfriedhof wurde angelegt als gemeinsamer Begräbnisplatz der evangelischen Gemeinden der Kreuzkirche, der Frauenkirche und der Johanniskirchgemeinde außerhalb des damaligen städtischen Territoriums. Die innerstädtischen Friedhöfe waren längst zu klein geworden, das Gelände im Tännicht, einem ausgedehnten Kiefernwaldgebiet auf Tolkewitzer Flur schien dagegen ideal.

Der Tolkewitzer Gemeinderat erhob zwar Einspruch, mit den Arbeiten begann die Stadt dennoch 1875 und erweiterte 1908 das Gelände wesentlich, um das städtische Krematorium Tolkewitz zu errichten. Ein beeindruckender Bau, der gerade historisch saniert wurde. Das Bauwerk orientiert sich an Vorbildern wie dem Theoderichgrab in Ravenna und symbolisiert durch ein vorgelagertes Wasserbecken Ruhe und Vergänglichkeit im Rückblick auf ein vollendetes Leben. In den ersten Jahren gehörte es zu den beliebtesten Ausflugzielen der Dresdner, für 25 Pfennige durfte es besichtigt werden. Heute kommen die Menschen nicht zum Gaffen, sondern um ihrer Toten zu gedenken oder um zu Erich Ponto oder den anderen berühmten Persönlichkeiten der Stadt zu spazieren.

Johannis- und Tolkewitzer Friedhof

Wehlener Straße 13–15 | 01279 Dresden
www.dresdner-stadtteile.de

Die Hoffnung stirbt zuletzt

Das angeblich modernste Gefängnis Sachsens wurde 1996 auf dem Hammerweg gebaut. Die Zellen sind alle seit Jahren belegt.

42

Es gehört zu jenen Bildern, die keiner sehen wollte und dennoch immer wieder gezeigt wurden. Ein Kinderschänder steht oben auf dem Dach und beleidigt mit seinem Anblick. Tagelang hielt er ein Mädchen in seiner Wohnung fest. Mutter und Vater verzweifelt, immer auf der Suche, nie hoffnungslos. Bis heute gehört ihnen dafür aller Respekt. Das Mädchen befreite sich letztlich selbst. Bei einem Ausgang mit ihrem Schänder, ließ sie einen geschrieben Zettel fallen, immer im Wunsch, es möge ihr einer helfen.

Ein Spaziergänger fand den Zettel, die Polizei drang in die Wohnung des Täters ein, fand das Mädchen, das heute wieder zwischen den anderen lebt und gern unbeschwert sein möchte wie die anderen. Ihr gelingt es gut. Aber als ihr Schänder wenige Wochen nach der Tat da oben auf dem Dach stand, breitbeinig, glatzköpfig, anmaßend, höhnisch, da lebte plötzlich der Zweifel auf.

Der Zweifel richtete sich vor allem an die Mitarbeiter der Haftanstalt. Im Jahr 2000 rühmte sich der Freistaat, auf dem Heller, im Norden der Stadt, eine der modernsten Justizvollzugsanstalten eröffnet zu haben. Und dann kann ein Kinderschänder aufs Dach klettern, stundenlang dort verharren und sein Opfer nachträglich ängstigen. Die Konsequenz für den Täter hieß Einzelhaft mit anschließender Sicherungsverwahrung.

Der Bau für den Knast im Norden der Landeshauptstadt in unmittelbarer Nähe der Autobahn A 4, Anschlussstelle Hellerau, begann im November 1996. Das alte Militärgelände mit Kasernen, Wohnhäusern und Garagen wurde abgerissen, drei Hektar alter Verkehrsflächen entsiegelt sowie kontaminierte Böden und Baustoffe beseitigt. Die Gesamtkosten für den Neubau betrugen 73 Millionen Euro. Statistiker errechneten, dass sich daraus Baukosten von 90 000 Euro pro Haftplatz ergaben.

Sechs Meter hoch steht die 1 200 Meter lange Mauer um das elf Hektar große Gelände in der Albertstadt. Die Gebäude sind gut einsehbar, schlichte Funktionsbauten, alles umgittert, alles beleuchtet. 750 Haftplätze gibt es im geschlossenen, 36 im offenen Vollzug und 16 für den Jugendarrest. Alle Plätze sind belegt. Die meisten Häftlinge arbeiten jeden Tag, basteln Küken oder Vogelhäuser, Blumenkübel oder Gartenstühle, Obstschalen oder Gitterbettchen für Babys. Im Internet bieten sie ihre Waren im Gitterladen an. Und immer schwingt die Hoffnung mit, es möge Täter bessern. Die Hoffnung stirbt zuletzt.

JVA Dresden

Hammerweg 30 | 01127 Dresden
Telefon 0351 21030 | www.justiz.sachsen.de

In der Fürstengruft schlägt das Königsherz

Eine moderne Pietà aus Meissner Porzellan steht in der nördlichen Eckkapelle der Hofkirche, die 1980 als Kathedrale geweiht wurde.

43

Die 1980 als Kathedrale geweihte Dresdner Hofkirche steht schräg. Sie schert sich nicht um Geradlinigkeit. Das Gotteshaus durchschneidet die alte Festungsanlage, steht, völlig unüblich für Kirchenbauten, nicht in Ost-West-Ausrichtung. Denn der Turm begrenzt die Kirche nordöstlich und wendet sich einladend der Augustusbrücke zu.

Die Pläne für das katholische Gotteshaus ließ August III., Sohn und Nachfolger Augusts des Starken, geheim ausarbeiten. Die protestantischen Sachsen mochten noch nie so recht die katholischen Glaubensbrüder. Am Ende komplizierter Verhandlungen einigte man sich 1737 darauf, den römischen Baumeister Gaetano Chiaveri mit dem Projekt zu betrauen. Eigentlich sollte er in Warschau für Jacob Heinrich Flemming einen Palast entwerfen, der Arbeitgeber jedoch starb. Der Baumeister freute sich über den Auftrag aus Dresden, aber traute den Dresdnern nicht, beschäftigte italienische Handwerker, sie lebten in sogenannten Italienischen Dörfchen, heute erinnert das gleichnamige Restaurant daran. Die Handwerker schufen einen der bedeutendsten Sakralbauten. Die Kirche ist die einzige im römischen Barock jenseits der Alpen. Chiaveri verließ nach mehreren Intrigen gegen ihn 1743, lange bevor die Kirche fertig war, im Streit die Stadt.

Seine Nachfolger streckten den Turmentwurf auf 83,5 Meter. Doch im Kern blieb es ein Chiaveribau, eine dreischiffige Basilika mit vier Eckpfeilern. Das Mittelschiff wird von einem dreischiffigen Prozessionsgang umschlossen, der notwendig war, weil den Katholiken in Dresden nur Gottesdienste innerhalb geschlossener Räume gestattet waren. Aber im Inneren findet sich eine kostbare Ausstattung, reicher als in Versailles, mit der letzten von Gottfried Silbermann selbst gebauten Orgel. Vier Eckkapellen bieten Kunst, die Johann-Nepomuk-Kapelle im Norden heißt auch Gedächtniskapelle. In ihr wurde 1973 eine Gedächtnisstätte für die Opfer des 13. Februar 1945 eingerichtet. Für sie schuf Friedrich Press eine moderne Pietà aus Meissner Porzellan.

Göttlich stehen auf den Attiken der Schiffe und in Nischen 78 überlebensgroße Heiligenstatuetten des italienischen Bildhauers Lorenzo Mattielli. Allein wegen dieser Figuren muss jeder, egal ob Katholik, Protestant oder Ungläubiger, hier gewesen sein. Und in der Fürstengruft befindet sich in einem schlichten Kupfergefäß das Herz Augusts des Starken. Wer daran glaubt, der hört es schlagen.

Katholische Hofkirche

Schlossstraße 24 | 01067 Dresden
Telefon 0351 4844791 | www.bistum-dresden-meissen.de

Überleben in der Traumfabrik

Im schwarzen Raum mit Sesseln und Stühlen vom Speicher sitzt der Gast entspannt und fühlt sich gut aufgehoben.

44

Es muss sich alles ändern, damit alles so bleibt wie es ist. Ein legendärer Spruch aus dem 1963 gedrehten Film »Der Leopard« mit Claudia Cardinale, Burt Lancaster und Alain Delon. Eine andere Weisheit: Sie sind nur Opfer, wenn sie sich dafür entscheiden, eines zu sein. Das Opfer heißt hier Lester Burnham, ein Mann in der Mittellebenskrise. »American Beauty« heißt die Geschichte, die er erzählt, in der er seinen Tod voraussagt, weil er schon tot ist.

Jeder Satz an den Wänden dieses Kinos entstammt einem der großen Filme, die Buchstaben ziehen sich über den Putz an den Seiten der Flure und an den Decken. Die Besucher lesen sich ein in die Geschichte der Filme. Nennen wir die Wege zu den Sälen Satzröhren des Kintopps. Wunderbare Idee des Betreibers des Kinos in der Fabrik, das auf der Tharandter Straße am Stadtrand zu Freital verborgen liegt hinter einem modern anmutenden Verlagshaus, versteckt in einer alten Fabrik, nur zu erreichen über Seitentreppen.

Vor fünf Jahren noch experimentierten hier Schauspieler des Staatstheaters Dresden moderne Bühnenfassungen, putschten gegen das langweilige Theater im Schauspielhaus, heimsten Preise ein für ihren Mut, bis die Bühne geschlossen wurde von einem Intendanten, dessen Bühnenzeit keinesfalls ermutigend war. Denn Theater lebt von Ermutigung, nicht von Anpassung. Deshalb mutete es übermütig an, als in den Räumen ein Kino eröffnete. Cornelia Apel darf als Geschäftsführerin das fünfjährige Überleben des kleinen Lichtspieltheaters feiern. Es überlebte, weil sie gute Filme zeigt, weil sich der Gast wohl fühlt.

Gleich nach der Treppe öffnet sich ein Raum mit Tresen, hinter dem einer steht, der lächelt, der einen willkommen heißt, eine Fettbemme anbietet oder eine leckere Suppe. Rechts hinter dem Eingang befindet sich ein schwarzer Raum, bestückt mit Sesseln, Sofas, Stühlen und Tischen irgendwo vom Speicher. Herrlich rumlungern, quatschen, Bier und Wein süffeln. Wer nicht aufpasst, verpasst den Film. In der Ecke stehen Klappstühle, eine Leinwand für kleine Filme. Sonntags gibt es hier Frühstück, den ganzen Tag für den, der will. Filme zu zeigen, reicht nicht mehr, um ein Kino lebenswert zu halten. Hier finden deshalb Lesungen statt, Diashows, gelegentlich Ausstellungen. Und immer laufen Menschen durch die Gänge und lesen, was die Filmwelt für Sprüche erfand. Irgendwo an der Wand hängt auch ein Schild: Radfahren verboten, Eltern haften für ihre Kinder. Filmreif.

Kino in der Fabrik

Tharandter Straße 33 | 01159 Dresden
Telefon 0351 4244860 | www.kif-dresden.de

Im Untergrund wird alles geklärt

Die Kläranlage in Kaditz ging 1910 in Betrieb, heute ziehen sich 1732 Kilometer Abwasserkanäle durch ganz Dresden.

45

Wir müssen nicht darüber nachdenken, was geschieht, wenn wir müssen. Fäkalphilosophie gehört ins Mittelalter, als menschlicher Stoffwechselabfall die Rinnsteine herunterlief, Burgherren ihre Hintern in die Luft hielten, um sich zu erleichtern. Die meisten Städte litten unter Verstopfung. Und solange das Plumsklo existierte, konnte der Mensch nicht unerkannt verduften. Mit der Erfindung des WCs gehört das schlechte Gewissen über die eigenen Ablässe der Vergangenheit an. Das klären jetzt andere für uns.

Das stille Örtchen für die Dresdner steht als Industrieanlage in Kaditz. Von der Autobahn aus sind zwei neue Denkmale der Kläranlage zu sehen, zwei riesige Überraschungseier. Sie stehen da wie nicht abgeholt, in hundert Jahren könnte Erich Däniken behaupten, Außerirdische hätten sie errichtet. So jedenfalls muten sie an, die Faulungsanlagen der Stadtentwässerung. Die verlor längst ihr Fäkalimage und stellt sich als Saubermann dar. Eine biologische Musterfirma, an dessen Produktionsende Trinkwasser aus der Leitung fließt.

Es dauert immerhin bis 1812, bis in der Elbestadt die ersten Leitungen für eine Entwässerung verlegt werden. 1890 beginnt der planmäßige Ausbau der Stadtentwässerung. 1910 geht die Kläranlage Kaditz erstmals in Betrieb, 430 Kilometer lang ziehen sich damals die Abwasserkanäle durch die Stadt, heute sind es 1732 Kilometer, 375 Mitarbeiter kümmern sich um den Abfluss und die Reinigung der Abwässer. Das sind im Jahr rund 55 Millionen Kubikmeter.

Bei der Stadtentwässerung laufen heute präzise technische Prozesse ab; Katastrophen wie etwa 1987, als nach einer Havarie fast fünf Jahre lang das Abwasser ungeklärt in die Elbe floss, oder wie 2002, als während der Jahrhundertflut die gesamte Anlage unter Wasser stand und 13 Tage lang 110 000 Kubikmeter Fäkalien den Strom abwärts flossen, sollen nicht mehr passieren. Dafür investiert das Unternehmen Millionen. Und das zeigen die Mitarbeiter gern, führen Besucher mit Stolz durch ihre Anlage, die längst zu den modernsten in Deutschland zählt.

Unter der Stadt können Mutige mit einem Boot durch die Abwasserkanäle fahren, eine echt abgefahrene Bootsfahrt, die auf Anfrage möglich wird. In manchen Fällen übrigens kann das gefährlich sein, denn ein Teil der Kanäle ist so alt wie ihre Entstehung. Aber auch dafür hat die Stadtentwässerung eine Lösung, sie schiebt nach und nach in die alten Kanäle neue ein. Und dann ist auch das Problem geklärt.

Kläranlage Kaditz

Scharfenberger Straße 152 | 01139 Dresden
Telefon 0351 822-0 | www.stadtentwaesserung-dresden.de

Ein Wandelhof durch die Zeiten

Der Kleine Schlosshof im Residenzschloss dient als überdachtes Foyer für den Gang in die Museen und das Stadtzentrum.

46

Es ist wie immer in Dresden. Erst schreien die Bedenkenträger, aber zum Schluss feiern sie mit. Neue Architektur setzt sich in der Stadt nur durch, wenn der Architekt sich nicht absetzt, sondern der Steinigung standhält. Peter Kulka stellt sich immer wieder in den verbalen Empörungshagel, argumentiert als gebürtiger Dresdner, als weltgewandter Visionär und charmanter Diplomat. Ohne ihn würde es sonst das durchsichtige Dach über dem Kleinen Schlosshof nicht geben.

Heute strömen hier täglich Tausende Menschen hinein, kaufen sich Eintrittskarten, laufen in den Museumsshop, zur Garderobe, ins Café, zu den Ausstellungen, treffen Freunde, wandeln in den Großen Schlosshof. Der Kleine muss nicht neidisch sein, denn die einzige noch zusammenhängende Architektur des späten 16. Jahrhunderts zeigt nur er. Und das geschützt vor den Jahreszeiten. So konnte der Zustand der toskanischen Säulen, die mehrere Jahrhunderte überdauerten, konserviert werden. Dort, wo der Krieg Lücken riss, stehen frisch gefertigte Kopien. Ein verblüffender Anblick, wie das Alte und das neu erschaffene Alte harmonieren.

Wer immer in diesem Schlosshof steht, reckt seinen Blick nach oben zur Glaskuppel, einem ufoartigen Gebilde über den Renaissancegiebeln der Wettiner-Residenz. Das transparente Membrandach schließt den über Jahrhunderte nach oben geöffneten Schlosshof. Die Konstruktion besteht aus einer selbsttragenden Kuppelschale mit einem Rautentragwerk. Die einzelnen Rauten sind mit transparenten Folienkissen bespannt, die unter Druck gehalten werden. Die eigentliche Wölbung der Kuppel hat eine Höhe von rund neun Metern. Ein neuer Raum entstand, das zentrale Foyer zum einen, Eventhalle für Konzert, Theater, Lesungen oder Galadinner zum anderen. Einundzwanzigstes trifft sechzehntes Jahrhundert. Frech, gewagt und dennoch ein sympathisches Signal jener Moderne, die das Schloss zukünftig erscheinen lässt. Die Rekonstruktion reflektiert verschiedene Zeiten, Epochen und Stile von der Romantik bis zur Gegenwart, ein Monument gut sortierter Geschichte.

Einzig das umlaufende Band unterhalb der Rauten wirkt etwas plump, eine Manschette, die notwendig wurde, weil die ungeheuren Lasten der Konstruktion nicht durch störende Stahlseilverspannungen aufgefangen, sondern, wie bei der Hagia Sophia, über die alten Dachstühle nach außen abgeleitet werden. Die Grazie des an sich monumentalen Dachgebildes darüber entschuldigt die kleine Unvollkommenheit. Aber was ist schon vollkommen?

Kleiner Schlosshof

Schlossplatz 1 | 01067 Dresden
www.dresden-und-sachsen.de

Aurora steht unter Strom

Im Kraftwerk Mitte zeigt die Drewag die Geschichte des Unternehmens. Demnächst ziehen hier die Operette und das TJG ein.

47

In diesen Klinkerbau kommt die Zukunft. Jetzt stehen die Mauern aus den 1920er-Jahren stumm in Stahlbeton. Stadtbaurat Paul Wolf ließ das Kraftwerk in die Mitte der Stadt setzen, um das Zentrum mit Strom und Wärme zu versorgen. Die Schornsteine spendeten nebenbei Qualm und Dreck. Kohle rußte durch die Öfen, senkte ihre Asche auf die Dächer. Die Dresdner nannten das Kraftwerk Mitte »Aurora«. Wie das Kampfschiff, das die Revolution in Russland einqualmte.

Damals war die Stadt süchtig nach Strom, über 600 000 Einwohner zapften Energie, es entstanden neue Gebäude, weitere Straßenbahnlinien. 1928 fand die Jahresschau »Technische Stadt« statt. Einen großen Eindruck hinterließ das aus Anlass der Exposition erbaute erste Kugelhaus der Welt. 1930 sollte die Internationale Hygieneausstellung starten. Die moderne Stadt soff immer mehr Energie.

Bis 1994 rauchten die Schornsteine, denen man längst die 65 Jahre Dienstzeit ansah. Nachdem die Heizanlage der City stillgelegt war, stritt sich das kommunale Energieunternehmen mit der Stadt über die künftige Nutzung. Im Kesselhaus fanden spektakuläre Partys statt. Abenteuerliche Wege führten durch die alten Werkhallen. Nachträglich wundern sich Gäste und Veranstalter, dass keiner zu Tode kam. Denn die Höhen lockten gewaltig in die Tiefe. 2006 ließ die Drewag das Kesselhaus abreißen, um Platz zu schaffen für Neues.

Andere Hallen blieben stehen, sie träumen von Mietern. Die Klinker zeigen eine packende Industriearchitektur, die in Städten wie Leipzig oder Berlin längst kreative Zentren beherbergen. Die Künstler nutzten die Brachen für ihre Selbstverwirklichung. Die Stadt plante ewig, dass die Operette aus Leuben auf das Gelände am Wettiner Platz ziehen könnte. Aber die Rechnungen gingen nie auf.

Erst 2010 entschied der Stadtrat, dass sowohl die Operette als auch das Theater Junge Generation aus Cotta in das alte Kraftwerk ziehen sollten. So entstünde ein neues kulturelles Zentrum, gegenüber lernen Studenten in der Musikhochschule und das Kabarett Breschke und Schuch spielt ganz in der Nähe. Das tote Kraftwerk bekäme einen neuen Sinn durch Kultur, schlösse die Lücke zwischen Altstadt und Friedrichstadt. Denn jetzt gibt es keinen Grund, die Ecke zu besuchen. Höchstens einer interessiert sich für die Geschichte der Stromerzeugung. Die Operette setzt das Kraftwerk wieder unter Strom und spendet der Stadt Melodien im Dreivierteltakt. Das braucht die Mitte der Zukunft.

Kraftwerk Mitte

Wettiner Platz 7 | 01067 Dresden
Telefon 0351 8604180 | www.kraftwerk-museum.de

Zarte Kräuter gegen harte Platten

In den Plattenbauten in der Kräutersiedlung in Gorbitz lässt es sich mit viel Grün und bestem Komfort schön wohnen.

48

Gorbitz gehört zu jenen Stadtteilen Dresdens, denen ein schlechter Ruf vorauseilt. Zu Unrecht. Der Ruf stammt aus einer anderen Zeit. Genau wie Prohlis bestimmen in Gorbitz Plattenbauten, sogenannte WBS 70, das Bild. Arbeiterschließfächer hießen die Blöcke. Natürlich ist das ungerecht, Gorbitz, aber vor allem denen gegenüber, die nach wie vor hier wohnen. Aber während in den 80er-Jahren in der DDR die Innenstädte immer mehr verfielen, rief das SED-Politbüro in Berlin das Wohnungsbauprogramm aus und es entstanden Satellitenstädte.

Die Wohnungen hatten für die Bewohner einen Vorteil: die Fernwärmeheizung. Im Gegensatz zu den Mietshäusern aus der Vorkriegszeit, Genossenschaftshäusern oder Neubauten aus den 50er- und 60er-Jahren, herrschte im WBS 70 Komfort. Bad und Toilette in der Wohnung und immer warmes Wasser. Allerdings gab es unübersehbare Nachteile: Die Bäder besaßen keine Fenster, die Küchen waren schmal wie Handtücher, durch die Lüftungen roch es stets nach dem Essen der Nachbarn. Zur Normwohnung bot der volkseigene Möbelhandel die Normschrankwand, vor der Tür stand der Normtrabi und auf Arbeit wartete die Norm. Für den Anspruch, dass die Menschen, egal welcher Herkunft, einander gleich sein sollten, glichen sich die Wohnungen an. Ein Graus für jeden, der nicht so sein will, wie alle andern sein sollten.

Gorbitz ist anders. Den linkselbischen Stadtteil erwähnt eine Urkunde erstmals im Jahr 1206, eigentlich ein Dorf mit Bauernhöfen, Fachwerkhäusern und Feldern am Hang. In die Schneisen, die die Innenstadt mit Frischluft versorgten, stellten die Politbüroplaner die WBS-70-Blöcke und nahmen der Stadt den Atem. Mit diesem Betonerbe musste die Eisenbahner-Wohnungsbaugenossenschaft (EWG) nach 1989 leben, ihr gehören mehrere Tausend Wohnungen in der Gorbitzer Plattensiedlung. Und weil die Genossenschafter die Vorteile, aber nur zu gut die Nachteile kannten, folgten sie nicht der Idee wie anderswo, reich gefördert einen Teil der Häuser abzureißen, sondern sie bauten sie ab 2002 um. Auf Straßen mit so schönen Namen wie Forsythien-, Schlehen- und Kamillenstraße ließen sie die oberen zwei oder drei Etagen der Sechs-Geschosser abheben, neue Balkone anbauen, gaben den Bädern Fenster, vergrößerten die Küchen und nannten das Quartier Kräutersiedlung. Das alte Gorbitz schien neu zu entstehen. Ein wirklich gelungener Umbau mit vielen individuellen Details. So schön können Plattenbauten sein. Nach und nach bekommt Gorbitz einen immer besseren Ruf. Und den hat es auch verdient.

Kräutersiedlung

Forsythienstraße | Schlehenstraße | Kamillenweg | 01169 Dresden
www.kraeutersiedlung.de

Schlichte Schönheit in Gottes Hand

Vor der Kreuzkirche steht das alte neue Denkmal zu Ehren des 22. Kreuzkantors Ernst Julius Otto.

49

Trauen Sie sich: Legen Sie sich in der Mitte des Kirchenschiffs auf den Rücken und blicken nach oben. Der Pfarrer wird nichts dagegen haben, schließlich wohnt Gott irgendwo über uns. An der Kirchendecke schwebt raues Grau, in einem Oval das Kreuz. Sonst nichts. Kein katholischer Klimbim, kein himmlisch buntes Deckengemälde. Nur schlichte Schönheit. Sie ist aus der Not geboren, denn während der Luftangriffe auf Dresden im Februar 1945 brannte die Kreuzkirche aus, nur das Altarbild blieb erhalten.

Die Dresdner bauten ihre Stadtkirche von 1950 bis 1955 bescheiden wieder auf, innen kam Rauputz an die Wände, für den Jugendstil der Vorkriegszeit fehlte das Geld. Die Schlichtheit prägte den neuen Stil des Gotteshauses. Die Folgen des Krieges blieben sichtbar. Das änderte sich auch nicht, als der Innenraum von 2000 bis 2004 restauriert wurde. Sie können wieder aufstehen.

Aufstand gehört zur Tradition der einstigen Basilika, die zu Beginn des 12. Jahrhunderts an der südlichen Ecke des Marktes errichtet wurde. In der Kreuzkirche begannen Revolutionen, wie beispielsweise 1539, als von hier die Reformation in Sachsen ausging, in den 1980er-Jahren, als von hier das Symbol »Schwerter zu Pflugscharen« in der DDR verbreitet wurde, oder 1989, als die Kreuzkirche das Zentrum der friedlichen Revolution in Dresden war. Und als der Streit über den Bau der Waldschlösschenbrücke 2008 zur Kulturlosigkeit eskalierte, fanden Dresdner in den Gebetsräumen zusammen, um wieder Verständnis füreinander zu erlangen.

Dieses Gotteshaus heißt alle willkommen, die 3000 Sitzplätze sind oft ausgebucht, vor allem, wenn die Knaben des Kreuzchores singen. Der schönste Platz befindet sich auf einer der Emporen, am besten ganz hinten, weil der Klang von unten über die Seiten zum Deckenkreuz rollt. Besonders zur Weihnacht kommen selbst Ungläubige massenhaft, um den Oratorien zu lauschen. Das Kirchenschiff klingt wie ein Konzertsaal.

Vor der Kirche steht seit 2010 ein Denkmal. Es ehrt Ernst Julius Otto, den 22. Kreuzkantor. Der Künstler Niklas Klotz fügte der ursprünglichen Gruppe von Gustav Kietz einen jungen Sänger hinzu. So einen im blauen Anzug, einen, der die über 700-jährige Tradition lebt, aber vielleicht schon morgen eine Rockband gründet. Tradition und Moderne sind es, die die Kreuzkirche als Ort der Besinnung und des Fortschritts so interessant machen.

Ein Stadtpalast für die Kultur

Die Türen am Kulturpalast erzählen die Geschichte der Stadt von ihrer Gründung an. Jede einzelne Tür ist ein Denkmal für sich.

50

Wer höflich sein will, braucht Kraft. Diese Türen sind verdammt schwer. Sie tragen Geschichten. Doch die Besucher eilen durch sie hindurch, zur Garderobe oder zum Taxi. Nur wer einen Augenblick wartet, erkennt die Idee. Hier wird Vergangenheit erzählt, von der Stadt, wie sie sich gründete, von den Umbrüchen, Revolutionären, Arbeitern, Baumeistern, von der Kultur.

Denn hier entstand in den 1960er-Jahren ein Palast für die Kultur des aufstrebenden Arbeiter-und-Bauernstaates. Und wie viel sie diesem Land wert war, zeigt der Kulturpalast an jeder Ecke. Ein Haus voller Ideen. Wertvolle Türen, ein verschwenderisch großes Foyer, ein Saal mit 2 000 Plätzen. Jeder sollte teilhaben dürfen. Hier spielte die Musik, hier tanzten die Menschen zu Festivals und Bällen. Das Parkett ließ sich hydraulisch verstellen, die Bühne in alle Richtungen drehen, öffnen, schließen, gerade so als müsste dieser Palast alles können. Hier tagten die Genossen, der große Innenraum erinnert an den Kongresssaal im Moskauer Kremlgelände. Die älteren Dresdner erinnern sich gern ans Brückenmännchen, ans Tanzfestival, die Dixielandkonzerte, ans Schlagerfestival mit dem Goldenen Rathausmann, die Zyklen der Dresdner Philharmonie und der Staatskapelle. Ja, die spielten einst beide hier. Im Kulturpalast wurde kollektiv gefeiert. Und dass der Architekt Wolfgang Hänsch einen Palast bauen durfte, wirkt heute anachronistisch, aber es gab ja auch einen Palast der Republik.

Während der Berliner abgerissen wurde, steht der Dresdner noch, ein Sinnbild der Architektur der 60er-Jahre. Bewusst wurde einst der historische Stadtgrundriss durchbrochen, es war ja Platz nach der unsäglichen Zerstörung. In den Ruinen und den schwarz gerußten Mauern der Innenstadt strahlte dieses Haus, es blitzte das Glas, es protzte der Beton, es überraschte das geometrisch verrückte Kupferdach. Dresdner Denkmalschützer stellten das Haus unter ihren Schutz. Denn es steht für seine Zeit. Das Mosaikgemälde an der Schlossstraße verhängten die Nachwendemächtigen mit grünen Netzen. Sie meinten, den Weg der Roten Fahne könne man nicht mehr zeigen. Wir halten ihnen zugute, dass sie ihn schützen wollten. Natürlich war es ein Irrweg, aber sehen lassen kann er sich als Denkmal allemal.

Jetzt bekommt der Kulturpalast eine radikale Kur, der Kremlsaal kommt raus, ein neuer Konzertsaal wie ein Amphitheater rein. Die Philharmonie hat es verdient. Doch die Fassade mit den Türen sollte man dem Palast lassen.

Kulturpalast

Schlossstraße 2 | 01067 Dresden
Telefon 0351 4866-666 | www.kulturpalast-dresden.de

Höfe voller Kunst und Langsamkeit

Der Hof der Elemente, einer von dreien, in der Kunsthofpassage in der Inneren Neustadt im Fensterspiegel einer Mietshaustür.

51

Hier war jahrhundertelang Sand und Wind, dann kamen aus Böhmen Gärtner, da ging das 18. Jahrhundert gerade zu Ende. Als das Industriezeitalter sich ausbreitete, entstanden auf ihren Feldern Mietshäuser, Arbeiter und Kleinbürger zogen ein, die blieben über Generationen, doch ihre Enkel suchten ein anderes Leben, wohnten in den abgenutzten Zimmern, studierten, philosophierten, dichteten, malten oder soffen. Eigentlich war das in der DDR so nicht vorgesehen. Aber Nischen blieben immer.

Bis heute behielt die innere Neustadt, jenseits der barocken Villen und Palais der äußeren Neustadt, in manchen Ecken ihren Charakter, auch wenn die Enkel längst aus ihrer pubertären Phase rausgewachsen sind. Nicht alle, wohlgemerkt. Und genau die verzweifeln über die geleckten Fassaden, die sie immer verachteten, protestierten gegen die Discounter, in die sie inzwischen einkaufen gehen. Notgedrungen.

Als sich viele wendeten, blieb sich die Neustadt treu. Der Wandel kam, weil viele wegzogen, andere herkamen, aber nicht her passten, wieder flohen, Platz schufen für jene, die sesshaft werden wollten. Abgewetzt mit Klo halbe Treppe musste aber nicht mehr sein. So putzte sich die Neustadt mit der ihr eigenen Gemütlichkeit. Spiegel-Reporter Alexander Osang verglich mal die deutschen Szeneviertel und meinte, die Neustadt sei nicht so ausgefranst wie der Prenzlauer Berg, nicht so wütend wie die Hamburger Hafenstraße, nicht so piefig wie Kreuzberg, sondern besitze den Stil einer Langsamkeit, die Bestand hat. Die alten Säufer wurden vertrieben, die Rentner sterben aus und die Sozialfälle können sich die neuen Wohnungen nicht leisten. Alternativ sein muss man sich leisten können.

In den Höfen lauern Überraschungen, schlendern lohnt sich, denn hinter den Toreinfahrten öffnen sich Welten. Die Kunsthofpassage an der Görlitzer Straße gehört seit über zehn Jahren dazu. Alles präsentiert sich wohlgeordnet, dem Hof der Elemente folgt der der Fabelwesen, der andere gehört den Tieren und der nächste dem Licht, alle gestaltet von Künstlern, sehr anmutig, nichts Anstößiges, sondern einladend fein. Galeristen bieten Bilder an, Tanzschulen Kurse, es gibt Trödel, Schmuck, Kindersachen, Bücher, Blumen. Im Kunsthof vertreibt ein Vietnamese seine Speisen, im Feng-Shui-Haus wartet die Teestube, das Kneipenrestaurant »Lila Soße« bietet Wein und Essen im Einweckglas. Am schönsten sitzt der Gast abends im Hof bei Kerzenschein, plaudert, es weht ein lauer Wind – und dann sieht es fast so aus, als wäre es schon immer so in der Neustadt gewesen.

Kunsthofpassage

Görlitzer Straße 23 | 01099 Dresden
www.kunsthof-dresden.de

Ein Zauberberg der Gesundheit

Der Wandelgang im ehemaligen Lahmann-Sanatorium, das für Wohnungen umgebaut wird. Einst war hier eine Kureinrichtung.

52

Der Blick auf das Lahmann-Sanatorium ist wieder frei. Arbeiter beseitigten wild wachsende Bäume, zerschnitten wirres Gestrüpp. Hinter dem Zaun öffnet sich die riesige Anlage der einstigen Kurklinik. Hier, wo einst die Zarenfamilie kurte, die Hohenzollern, Grafen, Fürsten aus Europa, Asien und Ägypten, Schauspieler, Sänger, Schriftsteller zur Erholung herkamen, entstehen Eigentumswohnungen.

Luftbäder, Bewegung, naturgemäße Ernährung und freizügige Körperkultur hieß das Prinzip der Heilung. Der Seele sollte die Psychotherapie helfen. Das simple Rezept nahmen Tausende an, sie strömten zu dem Arzt Heinrich Lahmann, der 1888 auf dem Weißen Hirsch eine pleite gegangene Badeanstalt übernahm und 1893 bereits 1 000, später bis zu 12 000 Patienten in seinem Sanatorium begrüßte. Über 300 Mitarbeiter kümmerten sich um den Klinikalltag.

Lahmann ließ neue Kurgebäude, Bade- und Gemeinschaftshäuser errichten, Wasserleitungen und Dampfheizungsanlagen einbauen. Um seine Gäste mit Bioprodukten zu verköstigen, erwarb der Arzt 1894 das Gut Friedrichsthal bei Radeberg und ließ hier eine Musterwirtschaft anlegen. 15 Villen kaufte er auf dem Weißen Hirsch, um die Patienten unterbringen zu können. Lahmann selbst wohnte bis zu seinem Tod am 1. Juni 1905 in der Villa Heinrichshof direkt auf dem Klinikgelände. Die Schönen und Reichen kamen, um den Gesundbrunnen zu genießen. Sie vergnügten sich auf dem Kurgelände, spazierten durch die Heide.

Bis zum Ersten Weltkrieg florierte das Geschäft, dann brach es abrupt ab und konnte nur mit Mühe nach 1918 wieder angekurbelt werden. Die Stadt Dresden übernahm die Häuser, Berühmtheiten schauten vorbei, um den alten Glanz des Lahmann-Sanatoriums genießen zu können, unter ihnen Reichsminister Dr. Neuhaus, die Sängerin Claire Waldoff, Operettenkomponist Paul Linke und UFA-Stars wie Marika Rökk oder Willy Birgel. Im Zweiten Weltkrieg übernahm die Wehrmacht das Kurgelände, nutzte es als Lazarett, nach 1945 besetzte die Rote Armee das Sanatorium und es verschwand für 45 Jahre hinter Bretterzäunen und Stacheldraht. Es folgte die Misshandlung einer legendären Einrichtung.

Als die Russen 1991 abzogen, hoffte die Stadt Jahr um Jahr auf eine Wiederbelebung. Vergeblich. Investoren ließen das 3,5 Hektar große Areal weiter schlummern, bis sich jetzt die Baywobau fand, um die baufälligen Villen und Badehäuser zu retten. 40 Millionen Euro für Wohneigentum. Die Lage an der Heide ist fürstlich.

Wohnmaschine in Stahlbeton

Im Ufa-Palast spiegelt sich der Plattenbau, der Ende der 60er-Jahre nach dem Vorbild des Architekten Le Corbusier entstand. ▶

53

Verschwenderische 240 Meter, zwölf Geschosse standardisiertes Leben. Eine Wohnmaschine mit 612 Zellen. Hier folgten Dresdner Architekten einer Idee des schweizerisch-französischen Architekten Le Corbusier, der schon in den 1920er-Jahren die »Unité d'habitation« entwickelte, eine Wohneinheit zur massenhaften Unterbringung von Bürgern, einen Vorläufer des serienmäßigen Plattenbaus.

Dresden kann sich trösten, nicht die einzige Stadt zu sein, die der Idee verfiel. Auch in vier französischen Orten und Berlin stehen die Stahlbetonriesen, die einen kleinen Stadtteil bilden mit Geschäften, Wäscherei und Friseur. Nur Dresden wollte besondere Größe beweisen. Der lange Wohnriegel steht an der Ostseite der Prager Straße, die für die junge DDR Ende der 60er-Jahre als Boulevard mit Kino, Hotels und Kaufhaus zum Modellfall wurde.

Die Erbauer fuhren alles auf, was noch bis eben als »kosmopolitische Dekadenz« galt: gradlinige Kuben, himmelan aufstrebend, rhythmisch gruppiert, mit Fassaden, weiten Glasflächen. Architekturhistoriker feiern diesen Modellfall heute als Meisterwerk der sozialistischen Stadtbaukunst der Nachkriegsmoderne. Das muss man gesehen haben. Bis zu ihrer Zerstörung im Zweiten Weltkrieg säumten gründerzeitliche Geschäfts- und Wohnhäuser die im 19. Jahrhundert angelegte Prager Straße. Von einst 17 Metern wuchs die Straßenbreite beim Nachkriegsaufbau auf 60 Meter an. Vor der Wohnmaschine befanden sich Pavillons mit Verkaufsräumen. Diese standen ursprünglich durch Pergola-Gänge miteinander in Verbindung, doch die wurden 1995 für ein neues Glaskaufhaus abgerissen.

Die Straße hatte einst Springbrunnen, Blumen aus Wasser. Sie verschwanden beim Umbau Ende der 90er-Jahre, wurden ersetzt durch austauschbare Langbecken. Die Straße ist so nicht mehr originale Moderne, sondern ein frisierter Oldtimer aus den 60er-Jahren. Für 20 Millionen Euro sanierte der amerikanische Wohneigentümer Gagfah die Riesenplatte, es gibt neue Läden im Erdgeschoss, darüber ein komplettes Bürogeschoss sowie schmetterlingsförmige Aufbauten für Büros und Gemeinschaftsräume. Die grünen Balkone wurden ersetzt durch weiße, klobige Abgrenzungen. Ein Eingriff ohne Sinn.

Die Prager Straße mag heute hübscher sein, sie ist aber vor allem funktional, eine Fastfood-Meile mit ostalgischen Elementen. In der langen Platte wohnt es sich im Übrigen sehr günstig für eine Citylage.

Lange Platte – Prager Straße

Sankt Petersburger Straße 26–32 | 01069 Dresden
www.das-neue-dresden.de/prager-strasse-1963-70

Ein fantastisch modernes Museum

Die Fassade des Leonhardi-Museums wirkt romantisch verklärt, innen finden sich Ausstellungsräume für junge Kunst.

54

Dieses Museum ist einzigartig. Denn es vereint zwei Dinge, die eher selten sind. Zum einen widmet es sich einem Künstler und zum anderen gründete dieser Künstler selbst das Museum. Und zwar vor über 125 Jahren. Damit ist es das älteste noch bestehende und von einem Künstler gegründete Museum in Deutschland. Bis vor kurzem wussten das die Museumsbetreiber nicht einmal selbst. Die Kunstwissenschaftlerin Sabine Muschler fand das bei den Recherchen für ihre Dissertation heraus. Eine kleine Sensation.

Der Gründer und Künstler heißt Emil August Eduard Leonhardi, wurde 1828 in Freiberg geboren, studierte von 1842 bis 1845 an der Dresdner Kunstakademie und war danach Atelierschüler von Ludwig Richter. Später arbeitete er in Düsseldorf, kehrte nach Dresden zurück, wo er sich 1859 in Loschwitz niederließ. Den Vater begeisterte das Künstlerleben des Sohnes überhaupt nicht, dennoch ließ er es zu. Als er starb, erbte der junge Landschaftsmaler alles. Eine bestens florierende Tintenfabrik gehörte dazu. Und so übernahm Leonhardi Junior zwar die Geschäftsführung des Unternehmens, sein Herz aber gehörte der Kunst.

Mit reichlich Geld ausgestattet, stiftete er dem Dorf Loschwitz unter anderem ein Armenhaus, ließ das Rathaus im altdeutschen Stil ausgestalten und förderte junge Künstler. Da die einen Platz brauchten, um zu malen, zu philosophieren und zusammenzusitzen, kaufte Leonhardi die Loschwitzer Hentschelmühle, ließ Teile des Gebäudes abreißen und Atelierräume bauen. 1884 war alles fertig, die Künstler zogen ein, hatten Spaß, aber zugleich kam es zu Streit zwischen den angeblichen Freunden. Die Kommune fiel auseinander. Leonhardis Idee scheiterte, aber er zögerte nicht lange und nutzte das Haus, um seine eigenen Bilder auszustellen. 36 seiner Werke konnten die Besucher von April bis Oktober betrachten.

Das Haus stand nach der Enteignung der Leonhardis auch zu DDR-Zeiten für Ausstellungen offen, hieß Galerie Ost oder Volkskunstgalerie. Nach 1989 meldeten sich die Erben, einigten sich mit der Stadt, dass das Haus als Leonhardi-Museum weitergeführt wird, Leonhardis Gemälde als Dauerleihgaben dort verbleiben. Außerdem sollte, ganz im Sinne seines Gründers, junge Kunst gefördert werden. So geschieht es, was von außen kaum zu vermuten ist. Denn die in den 1880er-Jahren von Charles Palmié angebrachte Bemalung wirkt romantisch verklärt. Aber wer einmal in das Haus geht, entdeckt ein fantastisch modernes Museum. Einzigartig.

Leonhardi-Museum

Grundstraße 26 | 01326 Dresden
Telefon 0351 2683513 | www.leonhardi-museum.de

Einer muss Teufel, einer Engel sein

Bereits im 12. Jahrhundert entstand die älteste Wehrkirche Sachsens in Leubnitz. Großartige Bemalung verziert die Emporen.

55

Der grüne, spitz zulaufende Kirchturm leuchtet weithin über der Stadt. Immer zu sehen. Magisch zieht er einen an. Und wer rausfährt aus der pulsierenden City, der kommt an diesen Ort der Sinnesfreude.

Doch vor dem Friedhof der Leubnitzer Kirche fließt im Tal ein Bächlein, der Leubnitzbach, durchquert den Ort durch Rohre und Tunnel, bis er auftaucht unterhalb des Friedhofs. Ein Weg zwischen Gotteshaus und Pfarramt führt über das Rinnsal. Zwei Brücken queren das Wasser. Wer dort steht, muss sich entscheiden: Will er Teufel oder Engel sein? Jungs nehmen meistens den flachen, ausgetretenen Sandstein, weil sie natürlich Mephisto gleich ein wenig grausam wirken wollen und das Risiko lieben. Mädchen schlendern zumeist über die nach oben gebogene Steinbrücke, wollen Engelchen sein, liebenswürdig und brav. Sie sind wohl schlauer, weil vor allem die stillen Wasser tief sind.

Die Brücken-Prüfung überstanden Generationen, Eltern laufen mit ihrem Nachwuchs hin, erzählen, was geschah, als sie selbst die Teufelsbrücke überliefen, und welch Glück folgte, als sie engelsgleich den Bogen überschritten. Ach, wie schön doch Mythen wirken. Oben auf dem Hügel, noch außerhalb des Kirchengeländes steht auf einer kleinen grünen Wiese ein Baumstumpf. Versteinert. Es mag ein Zauber gewesen sein, der den Baum in Sandstein verwandelte oder vielleicht sind es die verteufelten Jungs, die versteinerten. Wer kann das wissen. Er steht ja dort, der in Sandstein gehauene Baum.

Der Friedhof liegt zwischen alt gewachsenen Koniferen, hier ruhen die Toten aus Leubnitz und Umgebung. Ein Hanggrundstück ist dieser Gottesacker. Er beruhigt die Seele. Oben steht die Kirche, anmutig, schmal, unaufdringlich schön. Eine spätgotische Anlage. Ihre Eleganz lässt an toskanische Vorbilder denken. Vermutlich entstand sie um 1150, 1318 kam sie an das Kloster Altzella, bildete das religiöse Zentrum des Dresdner Klosterhofbesitzes. Turm, Kirchenschiff und Sakristei entstanden in der ersten Hälfte des 15. Jahrhunderts, der Chor ist von 1511, der Altar zu Ehren der Jungfrau Maria und des Heiligen Andreas aus dem Jahr 1437.

Die Mauern des Turmes sind ungewöhnlich dick, 1,40 Meter. Das lässt darauf schließen, dass hier nicht nur gebetet, sondern auch gekämpft wurde. Das Gotteshaus ist die älteste Wehrkirche Sachsens. Leubnitzer wussten sich schon immer gegen Teufel zu wehren.

Frischer Wind bringt Reichtum

Das Lingnerschloss zwischen Elbhang und Bautzner Straße mit Restaurant, Biergarten und Erinnerung an Lingner, den Odol-Erfinder.

56

Mundwasser ist Luxus. Kein Gaumen benötigt das aseptische Spülmittel wirklich. Karl August Lingner produzierte es 1892 dennoch. Manchmal hilft der gute Glaube, etwas frischer Wind würde schon helfen.

Denn eigentlich war Lingner pleite. Er scheiterte mit dem Versuch, in Paris Musik zu studieren, er scheiterte als Handelsvertreter für deutsche Firmen, landete irgendwann wieder in Deutschland und fand eine Anstellung in der Nähmaschinenfabrik Seidel & Naumann. Aber auch hier fühlte er sich falsch aufgehoben, gründete deshalb seine eigene Firma in einer Gartenlaube und verdiente seinen kargen Lebensunterhalt mit der Produktion von Rückenkratzern, Stahllinealen und Federreinigern. Dieser Reiniger war damals auch schon das Einzige, was ihn mit Hygiene verband.

Ein Freund Lingners, der Chemiker Dr. Richard Seifert, hatte angesichts der bisherigen Biografie des musikalischen Jungunternehmers den Glauben an dessen Durchsetzungskraft dennoch nicht verloren, bot ihm zur Vermarktung seine neueste Entdeckung an: Die Rezeptur eines Antiseptikums. Lingner spürte, dass hier etwas in der Luft lag. Der moderne Mensch der Gründerzeit legte Wert auf gutes Aussehen und angenehme Düfte. Mundgeruch war schon damals keine Auszeichnung, sondern eher ein Hinweis auf die soziale Unterschicht. Was also gab es Besseres, als sich mit Mundwasser den proletarischen Makel wegzuspülen. Lingner begann Zahnöl, odusoleum, kurz Odol, herzustellen.

Er war einer der ersten Marketingexperten, denn er schickte von ihm bezahlte junge Frauen in die Drogerien, die immer wieder nach Odol fragten, das bisher kein Drogist kannte. Aber wo eine Nachfrage ist, da muss ein Angebot her, und wo Angebot ist, entsteht Nachfrage. Das simple Prinzip funktionierte. Innerhalb weniger Jahre verdiente Lingner Millionen. Er kaufte sich 1906 eine der schönsten Villen am Dresdner Elbhang, die Villa Stockhausen, erbaut 1850–1853 für Baron von Stockhausen, Kammerherr des Prinzen Albrecht von Preußen.

Lingner ließ Schloss und Park umgestalten, legte sogar einen kleinen Zoo an. Nach seinem Tod vermachte er die Villa der Stadt, legte fest, dass sie der Öffentlichkeit zugänglich gemacht werden müsse. So war sie zu DDR-Zeiten Sitz des »Clubs der Intelligenz« und wird heute von einem Verein saniert und betrieben. Eine gediegene Gaststätte lädt ein, draußen auf der Terrasse lockt ein Biergarten mit Getränken und bester Aussicht. Lingners Glaube an den frischen Wind hat sich gelohnt.

Lingnerschloss

Bautzner Straße 132 | 01099 Dresden
Telefon 0351 6465382 | www.lingnerschloss.de

Verwunschen in südlicher Stille

Die verwunschene Kirche Maria am Wasser unweit der Elbe in Hosterwitz, das seit 600 Jahren mit den Unbilden des Wassers lebt.

57

Verwunschen steht diese Kirche zwischen Sandsteinmauern und Bäumen, Gräbern und Wiesen. Maria am Wasser suchte sich den schönsten Platz in Hosterwitz, nah am Wasser gebaut, so dass sie bei Flut Maria im Wasser getauft wird. Eine Schifferkirche, die aus dem 16. Jahrhundert stammt, mit spätgotischem Saal, schmal, hölzerne Emporen knarren bei jedem Schritt. 1704 vergrößerte die Gemeinde ihr Gotteshaus, gestaltete sie barock. Der Turm bekam eine Zwiebelhaube, so wie sie in den Dörfern Süddeutschlands häufig zu finden ist.

Innen fällt die Orgel auf, vorn der Altar mit einem Abendmahlrelief von 1644. Der Herr ist nah, steht zu lesen. Das Gefühl kam schon beim Eintritt durch die Tür auf. Hier kann es zu Gott nicht weit sein, so muss er sich das Paradies denken. Nur die hohen Fenster verblassen, denn sie gleichen Glas aus alten Gewächshäusern. Deshalb gründete sich eine Stiftung, um die Fenster zu gestalten. Camillo Schulz entwarf einen kühnen Schwung für die Scheiben.

Draußen stehen oder kippen alte Grabmale, die als Denkmale geschützt sind. Schilder mahnen Fahrradfahrer, ihre Gefährte um Gottes willen nicht an die Steine zu lehnen, weil sie sonst der Teufel hole. Radler kommen hier massenweise vorbei. Die Warnung meint der Pfarrer ernst, er wohnt gleich gegenüber und weiß, wovon der schreibt. Radikaldrahteselfahrer scheuen nicht davor zurück, auf dem Friedhof ihr Picknick abzuhalten. Die Hosterwitzer rümpfen dann die Nase. Mit Recht.

Der Stadtteil im Osten schlummert vor sich hin. Die schönsten Häuser stehen nah der Elbe oder oben am Hang. Es existiert eine Urkunde von 1406, auf der erwähnen die Schreiber erstmals Hosterwitz als Hostembicz, das Dorf des Gostimer, ein slawischer Personenname. Und auf eine feine Art behielt dieser Ort seinen Charakter. Camillo Graf Marcolini erwarb hier 1774 einen Weinberg, später die Hosterwitzer Mühle, erweiterte am Eingang zum Keppgrund das alte Herrenhaus, das 1861 im englischen Tudorstil umgebaut wurde. Heute leben in dem Keppschloss Mieter oder Besitzer von Eigentumswohnungen.

Die alteingesessenen Hosterwitzer, die Nachfolger der Königsfamilie, von der ein Teil lange hier wohnte, die Neuhosterwitzer und Gäste kommen mit Freude zu Maria ans Wasser. Wenn die Orgel spielt, gepredigt wird, viele singen, dann klingt das verwunschen schön, angenehm, so wie im Süden. Und wenn doch das Wasser mal wieder zu hoch steigt, dann halten alle zusammen. So ist das in Hosterwitz.

Maria am Wasser

Kirchgasse 6 | 01326 Dresden
Telefon 0351 2618330 | www.maria-am-wasser.de

Insel unbegrenzter Möglichkeiten

Im Ostra-Gehege befinden sich die Dresdner Messe mit Tagungszentrum sowie das Sportgymnasium und eine Konzerthalle.

58

Hier kann es in dem einen Augenblick ruhig und im nächsten Moment gigantisch laut sein. Hier laufen Schüler morgens ihre Runden und am Abend johlen andere die Songs ihrer Lieblingsband. Hier trainieren Hundebesitzer ihre Vierbeiner und kommen Schlipsträger aus Verhandlungen. Gegensätze regieren, auch in der Architektur zwischen hochmoderner Schule und abgewrackten Schlachthofresten.

Das Ostra-Gehege liegt als Halbinsel zwischen Elbe und Flutrinne hinter der Marienbrücke. Eine Auenlandschaft, die Caspar David Friedrich 1832 zu einem Gemälde voller Wiesen, Wasser und Bäume inspirierte. Schwemmland in Öl, Delta der Weißeritz, von der Stadt nichts zu sehen, nur die Anhöhen der Elbhänge in der Ferne. Das altsorbische Wort oztrov beschreibt treffend die Lage des Geländes: Flussinsel. Wo sich heute die Friedrichstadt erstreckt, befand sich gegen 1200 das Dorf Oztrov. Später entstanden auf dem Gebiet ein Tiergehege und eine Handwerkersiedlung.

Der Mensch veränderte das Schwemmland vollständig, schüttete es auf, ebnete es ein, grub die Flutrinne als Ausdehnungsarm für überschwappendes Wasser, der Alberthafen entstand Ende des 19. Jahrhunderts, es kam die Mühle hinzu, später der Schlachthof, gebaut von Hans Erlwein in noch dem Jugendstil verwandter Architektur. Landwirtschaftlich nutzen konnten Bauern das Gelände da schon lange nicht mehr, nur Kleingärtner. Das Ostra-Gehege blieb abgeschieden von der Stadt und dennoch wichtiger Teil für deren Versorgung.

1997 bekam das Gelände des Schlachthofes, der längst leer stand, eine neue Funktion. Die Dresdner Messe benötigte einen neuen Standort, denn am Straßburger Platz, wo bisher ihre Ausstellungshallen standen, baute VW seine neue Manufaktur. In einer eiligen Aktion bekam ein Teil der Schlachthallen einen gläsernen Anbau, die Messe zog um. Sie litt zunächst unter dem Umzug, erholte sich davon, bekam Zuwachs, erhielt ein Tagungszentrum. Eine Halle dient als Konzertsaal, jetzt fährt eine Straßenbahn in den abgeschiedenen Stadtteil, der auch das Sport-Gymnasium beherbergt. Das Gelände weckt die Fantasie der Investoren, ein Hotel könnte in dem alten sogenannten Schweinedom entstehen.

Hier feiert Dresden nicht nur während der Ostrale moderne Kunst, sondern Events bringen Menschenmasse in die einst stille Flusslandschaft. Wer alles überblicken will, der gehe auf den nahe gelegenen 33 Meter hohen Trümmerberg, dann sieht er das Getümmel auf der Flussinsel.

< 126 | 127 >

Messe im Ostragehege

Messering 6 | 01067 Dresden
Telefon 0351 4458-0 | www.messe-dresden.de

Undine grüßt die Fahrrad-Radler

Im Sonnenlicht glänzt die Molebrücke in Pieschen, die einen Flussarm der Elbe überquert. Davor das Kunstwerk von Angela Hampel.

59

Radfahrer leiden in Dresden. Sie kommen nur zwischen Stau und Fußweg voran. Ihr Radius wird eingeschränkt, denn eigene Wege sind selten. Da gleicht es einem Wunder, dass die Radler, die nur die Neudresdner so nennen, im September 2010 in Pieschen eine eigene Brücke bekamen.

Ein schwungvolles Bauwerk, um einen Flussarm der Elbe zu überbrücken, einen 2,7 Millionen Euro teuren Stahlpfad, der die Strecke am nördlichen Elbufer entlang um zwei Minuten verkürzt. Zeit ist kostbar. Vom 34 Meter hohen Pylon halten Seile den 80 Meter langen Fahrradweg. Weitere 70 Meter misst eine Vorlandbrücke zur Mole, mit der die Steigung von der Leipziger Straße her überwunden wird. LED-Lampen tauchen das Bauwerk in farbige Töne, von einer Plattform erblickt der Radfahrer oder Spaziergänger die Altstadt-Silhouette. Man darf verblüfft sein, was möglich wird, wenn aus Konjunkturprogrammen plötzlich Fördergelder fließen.

Geflossen ist an diesem Ort die Elbe meterhoch. Als der Fluss zur Jahrhundertflut 2002 alle Ufer überschwemmte, stand auch Undine das Wasser weit über dem Hals. Die Dame ist aus flachgewalztem Metall, eine Flussjungfrau, die aus der Elbe aufsteigt. Ihr Zwilling steigt am Rhein ins Wasser. Die Dresdner Künstlerin Angela Hampel schuf sie 1998 gemeinsam mit Freunden aus Bonn. Als die Radbrücke erbaut wurde, verschwand Undine plötzlich. Das Männl, wie die Pieschner sagen, war wohl ertrunken. Der Bau benötigte Freiheit, die Flussdame musste weichen. Jetzt ist sie wieder da.

Pieschen selbst ist auf Sand gebaut. Der slawische Ursprung des Wortes weist deutlich darauf hin. In dem einstigen Fischerdorf ergeht sich Dresden in Mietshäusern. Hier lebte seit den 20er-Jahren das Proletariat. Der erste sächsische Konsumverein gründete sich 1882 auf der Konkordienstraße. Die lange Leipziger Straße läuft parallel an der Elbe lang. Zwischendrin, gleich neben Undines Brücke, lädt das Ballhaus Watzke ein. Viel Tradition, viel Tanz, viel Bier. Im Sommer geht es raus an die Elbe. Gleich um die Ecke leuchtet rotes Licht aus Fenstern. Der Stadtteil hat seinen Ruf als Rotlichtviertel weg. Gerecht ist das nicht.

Die Brücke brauchte nicht lange, um neues Wahrzeichen zu werden. Sonst hat Dresden nicht viel Glück mit seinen neuen Elbquerungen. Die am Waldschlösschen kostete den Welterbetitel, die in Niederwartha hängt in der Luft. Es fehlt nach Jahren noch immer die Zufahrtsstraße. Nicht mal Radfahrer haben hier einen Weg.

Molebrücke Pieschen

Leipziger Straße | 01127 Dresden

Wo der Kaiser die Parade abnahm

Das N auf dem Schlossplatz erinnert an Napoleon Bonaparte und die Schlacht um Dresden. Hier feierte der Korse seinen letzten Sieg.

60

Plötzlich fehlte das N. Mitten auf dem Schlossplatz klaffte ein Loch. Das N wird sonst leicht übersehen, aber sein Verschwinden löste Alarm aus. Das war im Sommer 2010. Ohne N ist die Stadt unvollständig, denn es ist historisch. An der Stelle stand der Kaiser, Napoleon I., hier ließ der französische General seine Truppen an sich vorüberziehen, um anschließend seine Gegner zu schlachten. Das war am 26. August 1813 und die letzte Schlacht, die er gewann.

Danach ging es abwärts mit Bonaparte. Zwei Monate nach der Schlacht von Dresden musste er bei der Völkerschlacht in Leipzig seine Niederlage eingestehen. Den Sachsen tat das nicht gut. Denn sie standen lange auf der Seite des Verlierers und bezahlten das mit der Teilung ihres Landes. Die Residenz stürzte in die politische Bedeutungslosigkeit. Die Dresdner hätten also sauer sein können auf den kleinen Korsen, aber die eigenen Verluste sind längst vergessen und Napoleon bekam das N auf dem Platz.

Manchmal stehen Japaner oder Franzosen davor und halten ihren Kompass dran. Vielleicht schlägt die Nadel aus und hinter dem N steckt der Nordpol. Andere Touristen treten auf ihm rum, sie wollen wie der General die Parade abnehmen, bevor sie die Sehenswürdigkeiten rund um den Schlossplatz betrachten. Hier stehen die Kathedrale und das Georgentor des Schlosses. Unter dem Platz sind Bögen der Augustusbrücke verborgen, denn wo das N liegt, wurde einst Land aufgeschüttet. Das Tor des Schlosses entstand aus einer alten Zollstation. Der älteste Teil Dresdens befindet sich nur wenige Meter hinter dem Tor, ein Sandsteinkeller, der auf eine Siedlung deutet, die 1 000 Jahre alt sein könnte.

Um zum Neumarkt zu spazieren, geht man am besten am Fürstenzug vorbei. Da zeigt sich das Haus Wettin mit dem Beständigen, Sanftmütigen, Reichen und Starken. Man sollte die Reihe fortsetzen mit einem Bürgerzug. Die Stadt brachte so viele großartige Künstler und Erfinder hervor, sie hätten es verdient, ein Denkmal zu bekommen. Bisher hat es neben dem Fürstenzug auf dem Schlossplatz nur für König Friedrich August den Gerechten gereicht. Er sitzt seit Mai 2008 an der Stelle des Albert-Denkmals, das 1945 eingeschmolzen wurde.

Das N aber ist vom Platz nicht mehr wegzudenken und sein Verschwinden klärte sich schnell auf. Das Bauamt des Rathauses hatte den N-Stein eingezogen, um ihn zu sanieren. Er war abgelatscht. Nun zeigt er wieder Härte.

< 130 | 131 >

Napoleonstein

Schlossplatz | 01067 Dresden

Liebespaare spielen Delphin und Nymphe

Im Nymphenbad im Zwinger plätschert das Wasser zwischen Sandsteinen und 16 Schönheiten, die in zwei Jahrhunderten entstanden.

61

Delfine müssen heute in mediterranen Freizeitparks in Wasserbecken nach der Pfeife von Bikiniladys tanzen. Das Publikum frohlockt und hält die Dressur für eine Erfindung der modernen Tourismusindustrie. Doch der Traum vom Delfin der schönen Frauen ist so alt wie Männerfantasien. In Dresden ließ sich schon zu Beginn des 18. Jahrhunderts August der Starke ein Bassin mit Nymphen bauen, die barbusig mit Tümmlern spielen. Eine Oase zum Verlieben.

Das Wassertheater verbirgt sich im Zwinger hinter dem Wallpavillon. Es steckt in der alten Festungsanlage der Stadt. Über zwei Treppenläufe, welche die große Kaskade im Scheitel der Anlage flankieren, gelangt man in das Innere des Bades, einen quadratischen Grottensaal unter freiem Himmel. Von oben strömt Wasser, die Delfine spucken, es sprudelt aus Muscheln, es plätschert in Becken. Aus Nischen blicken die femininen Naturschönheiten die Besucher an. Insgesamt sind es 16 Sandsteinnymphen, die der Zwingergrotte den Namen gaben. 1711 schuf sie der Bildhauer Balthasar Permoser. Allerdings schaffte er damals nur sechs, die übrigen stammen aus der Zeit der Restaurierung des Zwingers in den 1920er- und 1930er-Jahren. Doch es sieht alles original aus, selbst wenn bei der Einweihung 1719 das große Mittelbecken fehlte. Das kam erst im 20. Jahrhundert dazu.

Hier im Nymphenbad sind Besucher meistens ungestört, vor allem wenn sie nach unten laufen in die Grotte, wo Ruhe zu genießen ist. Nachts schleichen Liebespaare die Treppen hinab, quetschen sich an die Skulpturen, spielen miteinander Delfin und Nymphe. Bitte nicht stören. Die Lust am Lieben entspricht dem Bau, denn August ließ den Zwinger einst barock als Partylounge ausbauen. Er brauchte ein festliches Open-Air-Gelände für die Hochzeit seines Sohnes.

Der Zwinger war als Orangerie geplant und wurde als solche auch genutzt, aber der oberste Wettiner erweiterte seine Idee und beauftragte Baumeister Pöppelmann, eine riesige Festanlage zu planen mit Pavillons, Galerien, Gärten, neuem Schloss. Alles sollte mit Kanälen bis zur Elbe reichen, ganz so wie in Venedig.

Wie alle wichtigen Bauten der Innenstadt ging auch der Zwinger in der Bombennacht vom 13. Februar 1945 zu Boden. Doch mittels Zwingerlotterie, vieler Spenden und des Aufbauwillens der Dresdner wurde der Zwinger in den 50er- und 60er-Jahren wieder aufgebaut. Schon 1947 erstrahlte das Kronentor als erster Turm der Stadt. Die Nymphen kamen zurück zu ihren Delfinen. Das Publikum ist selig.

Nymphenbad im Zwinger

Theaterplatz | 01067 Dresden
Telefon 0351 438370311 | www.der-dresdner-zwinger.de

Wasserwater besucht Hintergartenbesitzer

An der Prießnitz läuft ein schmaler Weg, von dem aus man die Hinterhöfe der Neustadt beschauen und im Fluss baden kann.

62

Es gibt Orte, die sucht keiner, die findet man. Am Ende des Ostens zum Beispiel, dort wo es nur noch abwärts geht. Treppen führen zum Wasser. Hier stand den Leuten das Wasser bis zum Hals, immer wenn die Prießnitz steigt, schauen die Anwohner, an welchem Eichstrich sie es wohl satt hat, aufschäumend zu sein.

Der Ort findet sich nicht so leicht, er liegt am Ende der Louisenstraße, Ecke Prießnitzstraße, da biegt sich ein Schild über dem Eingang, auf dem steht: Oosteinde. Darunter liegen Stufen, die auf einen Weg führen, der sich um Sandsteinmauern windet und irgendwann steht der Fuß im Wasser. Rechts läuft ein Weg, links läuft ein Weg, beide enden. Weiter geht es nur auf dem Grund des Stadtbaches, der im fernen Osten in Rossendorf entspringt. Oder die Hintergartenbesitzer lassen den Wasserwater durch den Zaun ins Haus. Die Wiesen sind voll mit Zeugs der Kinder oder der Erwachsenen, die hier Lagerfeuer oder Grills betreiben, Wäsche aufhängen, sich wie in Venedig fühlen und den Kleingärtnern gegenüber ihre Kofferradios abschalten möchten. In dieser Oase herrscht Klassenkampf, der in friedlicher Koexistenz verweilt.

Ab 18 Uhr öffnet das Wirtshaus, im Sommer sitzt man draußen vor der Tür, weil es frisch weht vom Flüsschen her, wie eine Klimaanlage versorgt der Strom die Menschen mit Frischluft. Ganz natürlich. Und sollte ein fliegendes Schiff vorbei kommen, würde sich keiner wundern. In den Gewölben standen einst Wannen für die Neustädter. Der Saubermann ging ins öffentliche Wannenbad, sein Nachbar kam vor oder nach ihm dran. Heute gehen sie zusammen in die Kneipe oder ins Stadtteilhaus nebenan. Soziale Kontakte helfen, wenn es einem dreckig geht. Die Wirtin im Oosteinde hört auch zu, bringt Bier aus Belgien oder Luxemburg, kocht eine Tages-Suppe mit Baguette, bäckt Kartoffelecken und mischt Kräuterdip oder Salsa dazu, fragt, ob es Käsewürfel mit Oliven und Baguette sein sollen oder doch lieber Pelmeni. Egal, wofür du dich entscheidest, es schmeckt den meisten seit über zehn Jahren.

Wassertreten wird danach zum Gesundbrunnen, laufen kann jeder bis in den Prießnitzgrund, wenn er die spitzen Steine und Scherben nicht scheut. Da unten im Wasser stehen manchmal Menschen zu zweit in der Dunkelheit und erzählen sich was von diesem Augenblick, den man genießen soll. Die haben sich nicht gesucht, sondern gefunden. Bitte nicht stören.

Ein Louvre der sächsischen Art

Das Palais im Großen Garten lockt mit der eleganten Architektur des Frühbarocks. Noch harrt es der Auferstehung.

63

Dresden preist seinen Barock, seine verspielte Schönheit, gediegene Eleganz und seinen romantischen Luxus. Es gehört zum Mythos der Stadt, dass sie vollgestopft sei mit barocken Schlössern, Villen und Palais. Aber die Suche danach ernüchtert. Es gibt jedoch einen Ort, der die ganze Pracht zeigt: das Palais im Großen Garten.

Es steht in der Mitte der beiden Hauptalleen des Großen Gartens. Ein galanter Bau mit einem H als Grundform, italienisch leicht, heiter wie ein Sommerschloss, dennoch französisch höfisch, in seiner Verbindung der Stile die deutsche Variante eines repräsentativen Lustschlosses. Fast 350 Jahre alt, verlor es nichts an seiner imposanten Gestalt des Frühbarocks. Hier verschwendete Baumeister Johann Georg Starcke seine Kunst, verliebte sich in Details, formte Festons, Ganzfiguren, Büsten in Nischen, Kopfplastiken, Wappen. Alles vom Feinsten.

Der Baumeister schuf Freitreppen als Bühne für Fürsten, Könige und Frauen. Ein Louvre der sächsischen Art. Die Stufen führen zum Mittelbau, hinein in den Saal, einst fein stuckiert, jetzt in seinem Rohbau dennoch ergreifend. Seit Jahrzehnten läuft mühsam der denkmalgetreue Aufbau, doch die Wiedergeburt der barocken Zierde verzögert sich immer wieder.

Das Erdgeschoss steht als Sockel, auf dem sich die festlich-heitere Architektur der Obergeschosse erhebt, darüber ein leicht gestuft schwingendes Kupferdach. Vorgelagert liegt ein großes Bassin, wie ein Spiegel, um die Schönheit zu verdoppeln, wie ein Ankerkranz stehen an den Ecken Kavaliershäuschen. Wer mag, kann sich in eines einmieten, übernachten mitten in dem Park.

Als die Wettiner 1918 die Krone verloren, nutzte der Freistaat das Palais als Altertumsmuseum. 1945 brannte das Glanzstück aus, stand lange wie ein trauriger Steinrest im Park. 2001 brachten die Fördermillionen für den Aufbau Ost das Haus äußerlich wieder in seine barocke Form. Innen stehen Original-Skulpturen von Barock-Bildhauern wie Balthasar Permoser, Johann Benjamin Thomae, Johann Christian Kirchner und Gottfried Knöffler.

Jetzt finden hier klangvolle Konzerte statt. In dem Saal blüht es mächtig, wenn Aussteller Blumen zeigen. August der Starke hätte seine Freude, denn das Palais formte seinen Geschmack. Als er mit 24 Jahren durch den Tod seines Bruders an die Macht kam, gab es in Dresden nur dieses eine bedeutende barocke Bauwerk. August wollte das ändern, er begründete den barocken Mythos der Stadt.

Palais im Großen Garten

Kavaliershaus G | Hauptallee 5 | 01219 Dresden
Telefon 0351 4456-600 | www.grosser-garten-dresden.de

Heftige Bewegung für den Ausdruck

Studenten der Palucca-Schule tanzen auf dem Campus an der Karcher-Allee. Die Tradition des Tanzes leidet und lebt.

64

Die Karcher-Allee breitet sich merkwürdig aus. Sie verbindet die Stadtteile Strehlen und Gruna, führt vorbei am Großen Garten, an Villen, die ihren Reichtum hinterm Gartenzaun zeigen. Die Straße ehrt Johann Friedrich Karcher, der um 1700 ein wichtiger Gartenbaumeister in Dresden war. Und an eben dieser Straße liegt eine Schule, von der in Deutschland keine zweite existiert.

Erbaut wurde das Haus an der Allee 1952, die Schule darin gründete jedoch bereits 1925 die bekannteste Tänzerin der Stadt. Gret Palucca unterrichtete zunächst in ihrer Wohnung auf der Bürgerwiese. Später wohnte Palucca in einer Villa auf der Tiergartenstraße. Morgens lief sie die wenigen hundert Meter zu Fuß zur Arbeit oder fuhr mit dem Rad. Mit dem fuhr sie auch 1945 durch die Trümmer, verteilte Flugblätter, um für ihre Schule zu werben. Sie umgarnte einen der russischen Offiziere, der entscheiden durfte, was gut war für dieses Nachkriegsdeutschland. Die Russen mochten Tanz. Sie wussten nicht, dass Palucca mit Bolschoi nur die Bewegung gemein hatte. Der Drill, die Disziplin, die Hörigkeit waren ihre Sache nicht. Ihr ging es um Ausdruck, um den Geist in der Bewegung, um Freiheit, um Improvisation.

Die Schule lebt Paluccas Tradition fort und stellt sie infrage. Hanne Wandke, die nach 1989 die Schule als Rektorin führte, jetzt im Ruhestand lebt, bedauert dieses Infragestellen und klagt, dass Paluccas Erbe missbraucht würde. Margarete Paluka, geboren 1902 in München, gestorben 1993 in Dresden, war ein Phänomen. Von den Nazis geschmäht als Halbjüdin und dennoch irgendwie geduldet, bei den Olympischen Spielen 1936 stand sie an der Seite von Leni Riefenstahl, nach 1949 verstaatlichten die SED-Genossen ihre Schule, sie ging 1959 nach Sylt, verhandelte von dort ihre Rückkehr, erkämpfte sich die künstlerische Leitung auf Lebenszeit, wurde von den DDR-Oberen hofiert und gleichzeitig bis ins Privatleben überwacht. Sie lebte nach ihrer Beziehung zum Unternehmer Fritz Bienert mit dem Kunsthistoriker Will Grohmann zusammen und später mit einer Frau.

Die Schule überdauerte alle Widerstände, Hunderte Tänzerinnen und Tänzer sind aus ihr hervorgegangen und weltweit erfolgreich. Heute tanzen die Eleven in einem Neubau, der 2007 den Campus der Hochschule für Tanz erweiterte. Durch die Fenster sind sie zu sehen, wie sie sich an Stangen beugen, auf dem Boden flach liegen wie Flundern, wie sie durcheinander jagen. An einem Neubau des Kanzleigässchens am Schloss bekommt Palucca ein Bildnis. Die Tradition leidet und lebt.

So friedlich liegt die Stadt

Im alten Gasometer in Reick zeigt Yadegar Asisi auf einem Panoramabild Dresden im Jahr 1756. Die Dresdner sind begeistert.

65

Yadegar Asisi baut sich seine Welt selbst zusammen. In seinem Berliner Atelier steht er vor großen Bildschirmen, in der Hand hält er einen kleinen Stift. Mit dem dirigiert er digital Steine, Blätter, Köpfe oder Sonnenlicht in klare Bilder. Die Geometrie des Architekten entscheidet alles, die Wirklichkeit ist nur Vorbild. Oder auch nicht. Denn der Sohn persischer Eltern, der seine Kindheit in Leipzig verbrachte, erfand das Panometer. Bis dahin gab es nur Panoramabilder und Gasometer. Die standen sowohl in Leipzig als auch in Dresden leer, Denkmäler des Industriezeitalters, mit denen niemand so recht etwas anzufangen wusste.

In Dresden lockten Investoren für das Reicker Gasometer mit fantastischen Projekten vom Musicaltheater bis zur Skihalle. Alle scheiterten. Erst der 1955 in Wien geborene Yadegar Azizi Namini brachte als Professor Asisi die entscheidende Idee mit. Er zeigte das alte Dresden von 1756. Gewagt hätte er das in der Elbestadt 2006 nicht, wenn er nicht zuvor in Leipzig erfahren hätte, dass es funktioniert. An seinem Computer schuf er 2003 ein Riesenpanorama vom Mount Everest. Ein Traum seiner Kindertage. Ein Erfolg, den er fortsetzte, in dem er Rom zeigte, als Kaiser Konstantin im Jahr 312 nach Christus mit seinen Soldaten in die Stadt einzog. Asisi stellte bildlich alles nach, er fotografierte in Italiens Hauptstadt historische Mauern, Dächer und Kostüme, bildete sich den Rest ein und entwickelte eine Dramaturgie, die Rom lebendig machte. Dann erst wagte er sich nach Dresden.

Er kennt die Stadt, hier studierte er, erlebte den Hang der Dresdner zur Vergangenheit. Sie neu zu erfinden, war Reiz und Risiko zugleich. Er zeigt die Residenz bis ins kleinste Detail, auch wenn die Einzelheiten heute keiner wirklich nachvollziehen kann. Es wirkt glaubhaft. Der Architekt, der später noch Malerei studierte, nahm sich alles historische Material, dessen er habhaft werden konnte, sprach mit Wissenschaftlern und folgte an Orten, die weiße Flecken waren, der Intuition. Er scheint Dresden richtig zu fühlen.

Von der Mitte aus schaut der Betrachter über das Schlossdach auf die Hofkirche, in die Gassen des Neumarktes, über die Elbe, auf Felder. Es dunkelt, es geht die Sonne auf, es spielt Musik. So friedlich liegt die Stadt, so lebendig ist die Erinnerung. Asisi baute ganz nach seinem Bild Dresden. Jetzt will er mehr und entwirft in Berlin die antike Metropole Pergamon. Danach malt er ein neues Bild von Elbflorenz. Diesmal ein modernes.

Panometer

Gasanstaltstraße 8 b | 01237 Dresden
Telefon 0351 8603143 | www.asisi.de

Der Strichmann auf dem Dach

Pencks Skulptur steht auf dem Art'otel am Ende der Ostra-Allee. Im Erdgeschoss lockt das Restaurant Maximus mit italienischen Speisen.

66

Das Ende der Ostra-Allee ist langweilig. Touristen verirren sich hier nur zum Art'otel. Es sieht lässig aus, cool, vor allem weil oben auf dem Dach eine in Bronze gegossene Strichfigur zum Himmel strebt. Sie gleicht einem indianischen Marterpfahl, nur dass ihm Arme, Beine und das Gemächt eines Riesen angegliedert wurden. Von der Seite ähnelt das Männlein einem Phallus prähistorischen Ausmaßes. In solchen Fällen psychologisieren Hobbyanalytiker, der Künstler kompensiere mit der Kunst seine Defizite. Es lebe die Freiheit der Kunst.

Das Hotel jedenfalls schmückt sich mit der bronzenen Plastik, in jedem der 180 Zimmer hängt ein Originalbild des Künstlers A. R. Penck und Designobjekte des Mailänder Künstlers Denis Santachiara finden sich in der Lobby und im Restaurant. Das Hotel darf sich rühmen, eines der ersten gewesen zu sein, dass sich mit Design und moderner Kunst ausstattete. Heute werben ganze Hotelketten damit, kreativ zu sein. Sie punkten mit abgefahrenen Möbeln, beschäftigen jedoch kaum noch Personal. Alle Versuche allerdings, im Saal des Art'otels eine moderne Kunstsammlung zu etablieren scheiterten. Mehrere Galeristen gingen daran zugrunde.

Der Phallusmann vom Dach ist nun nicht irgendeiner, sondern der des Künstlers A. R. Penck. Er kehrte mit dem Steher zurück in seine Heimat, aus der er zu Zeiten der DDR vertrieben wurde. Ralf Winkler begann mit zehn in einem Dresdner Keller zu malen. Er flog aus der Schule und aus der Lehre. Penck, der sich nach dem Polarforscher Albrecht Penck benannte, aber auch Mike Hammer, TM, Mickey oder schlicht Y heißt, dürfte für die SED-Funktionäre als unerziehbares Kind in die Akten eingegangen sein. Ein Freidenker, der jede Konvention brach, weil er sie gar nicht kannte. Er ist ein sächsischer Satyr. Anfang der 50er-Jahre nahm er Zeichenunterricht bei Strawalde, bewarb sich an der Hochschule der Bildenden Künste in Dresden. Viermal vergeblich. So arbeitete er fürs täglich Brot als Heizer, Nachtwächter, Briefträger und Kleindarsteller. Die Kunst ließ er zum Glück nie sein. Irgendwann lernte er Jörg Immendorf kennen, arbeitete mit ihm zusammen. Das half, machte ihn aber erneut verdächtig, neun Jahre vor dem Mauerfall ging er in den Westen, musste gehen, heute lebt er in Dublin.

Die moderne Kunst hat hier, hoch oben einen Platz gefunden. Von unten schaut man dem Strichmann ins traurige Gesicht. Er blickt zurück, hofft auf die Vereinigung mit der Stadt, die noch immer lieber barockt als rockt.

Penck-Skulptur auf dem Art'otel

Ostra-Allee 33 | 01067 Dresden
Telefon 0351 49220 | www.artotels.com

Alles Käse – oder was

Der schönste Molkereiladen der Welt mit Fliesen von Villeroy & Boch auf der Bautzner Straße.

67

Alles Käse. Edler Käse, der präsentiert wird wie Trauringe beim Juwelier. Hier wird zudem Milchseife gereicht und Grappa von der Kuh. Lecker. Wer nicht ahnt, dass hinter den Fenstern Molkereiprodukte zur Schau gestellt werden, denkt sofort an einen königlichen Fliesenladen. Fußboden, Wände, Decke, Säulen sind bedeckt mit handgemaltem Steinzeug. So falsch ist der Gedanke gar nicht, denn in diesem Milchladen werden auch Fliesen verkauft.

Schönster Milchladen der Welt darf sich Pfunds Molkerei nennen, denn die Redaktion des Guinness-Buches der Rekorde nahm das Geschäft 1998 in ihre Hitliste auf. Reichlich hundert Jahre vorher, 1891, entstand der repräsentative Bau der Firma in der Bautzner Straße. Unter den Kontorräumen lag der Laden mit den Neorenaissancestil-Fliesen, die Villeroy & Boch in Zusammenarbeit mit Dresdner Künstlern hergestellt hatte. An Wunder darf jeder glauben, denn dass der Laden die Bombennacht vom 13. Februar 1945 unbeschadet überstand, ist eines. 1972 wurde er von der DDR verstaatlicht und 1978 geschlossen. Und überlebte weiter. In den 1990er-Jahren gelang eine Wiederbelebung der Tradition.

Der Begründer des Käsewunders heißt Paul Gustav Leander Pfund, lebte von 1849 bis 1923 und arbeitete als Landwirt in Reinholdshain. Allerdings reichte ihm das nicht. Immer wieder musste er erleben, wie Kühe in dreckigen Ställen unlustig Milch gaben und die Milch schnell sauer wurde. Pfund träumte von einer Schaumolkerei mit frischer und hygienisch einwandfreier Milch. Er setzte den Traum um, eröffnete 1879 einen Laden in der Görlitzer Straße, von dessen Verkaufsraum aus man zusehen konnte, wie Kühe gemolken und die Milch zum Verkauf bereitgemacht wurde. Frischer ging es nicht. Der Mikrobiologe und Arzt Walther Hesse arbeitete an dem Wunsch Pfunds, Milch haltbarer zu machen. Er pasteurisierte das Weißgetränk. Pfund nutzte die Erfindung und konnte so Milch aufbewahren. Jenen Litern, die er nicht verkaufte, entzog er Wasser, schüttete neues hinzu und es entstand Kondensmilch. Pfund war der erste, der sie in Deutschland verkaufte.

Der Laden in der Görlitzer bot nicht mehr genug Platz, deshalb zog Pfund in die Bautzner Straße 41, baute den Laden mit den feinen Fliesen und eine Produktionsstätte. In den einstigen Produktionshallen laufen heute Travestie-Shows ab. Ziemlicher Käse, sagen manche, andere sind begeistert. Beide Läden sind immer voll, Touristenbusse verstopfen die Straße. Käse zieht immer.

Pfunds Molkerei

Bautzner Straße 79 | 01099 Dresden
Telefon 0351 808080 | www.pfunds.de

Brutaler Aufstieg über Kopfsteinpflaster

An der Plattleite sind immer wieder wunderbare Kunstwerke an den Villen zu entdecken. Der Weg ist schön, aber schwer.

68

Wer beim Iron Man mitrennen möchte, bekommt hier die Chance zu trainieren. Gut 600 Meter bergauf. Brutal bergauf über Kopfsteinpflaster, gefühlte 60 Prozent Steigung, schwitznass kommen alle oben an, die schneller laufen, als im Spaziergang die Stiege zu nehmen. Dabei empfiehlt sich der ruhige Gang, denn immer wieder bieten sich von diesem Weg grandiose Blicke ins Tal.

Nach unten plauzt das harte Pflaster in die Knie, aber der Weitblick entschädigt. Außerdem lohnt sich der verschmitzte Blick in die Gärten links und rechts der Plattleite. So nennt sich dieser Pfad vom Körnerplatz hinauf zum Weißen Hirsch. Nach einem Flurnamen wurde diese Straße auch als Plattleitenweg bezeichnet. Manchmal rasen von oben Radler mit ihren Mountainbikes ins Tal, Stürze inklusive, denn zwischendrin klaffen Löcher oder unverhofft queren Stufen den Weg.

Hier an der Plattleite lag ursprünglich der Kern der Gutsgemeinde Weißer Hirsch, deren letzte Häusleranwesen 1972 einem Parkplatz an der Einmündung des Lahmannrings weichen mussten. Die ersten Landhäuser, entworfen zwischen 1878 und 1880 vom Architekten Schaeffer, sind die Villen Plattleite Nummer 43 und 45. Ihre ursprüngliche Architektur veränderte sich durch spätere Umbauten leider fast komplett. Um 1905 folgten im nördlichen Teil einige Wohn- und Geschäftshäuser. Entworfen wurden diese wie auch das Haus Plattleite 66 und zahlreiche Villen am Weißen Hirsch vom Architekten Max Herfurt.

Hier wohnten und wohnen bekannte Dresdner Künstler. Der Sänger und Entertainer Gunther Emmerlich lebt in einer Villa direkt am Ende der Plattleite. Überhaupt zog diese Gegend von jeher das Bildungsbürgertum an. Das Haus Plattleite Nummer 6 bezog 1887 der Maler und Zeichner Hermann Vogel und wohnte hier bis zu seinem Tod 1922. An ihn erinnert ein Gedenkmedaillon an der Fassade. Auf der Plattleite 38 lebte nach 1945 der Schriftsteller Ludwig Renn, der der alten Dresdner Offiziersfamilie Vieth von Golßenau entstammt, aber dem Adel entsagte und ein Schreiber der Arbeiterklasse sein wollte. Zu seinen bekanntesten Werken gehören das Kinderbuch »Der Neger Nobi« und »Adel im Untergang«. In anderen Gebäuden an der Plattleite betrieben Eigentümer Sanatorien, Pensionen und Hotels. Heute gehört dieser Ort zu den exklusiven Wohnlagen der Stadt. Und wer nach dem Aufstieg richtig Durst hat, der wird im Luisenhof mit Getränken belohnt, aber vor allem mit einem einmaligen Blick über die Stadt.

Plattleite

zwischen Bautzner Landstraße (Weißer Hirsch | 01324 Dresden)
und Elbbrückenstraße (Loschwitz | 01326 Dresden)

Straße, Villa, Park, Park, Villa, Straße

Die Galerie Kühl auf der Nordstraße repräsentiert den Stil des Preußischen Viertels, das im Krieg nicht zerstört wurde.

69

Mittendrin in diesem Viertel vollzieht sich ein Wunder. Bäume, Wiesen, Hecken, Vögel, plätscherndes Wasser in den Gärten. Hinter den Zäunen Landhäuser und Villen, großzügig erbaut, herrschaftlich für ein aufstrebendes Bürgertum, dass seinen Reichtum gerne zeigt. Mittendrin ist es schön.

Außen umrahmen den Stadtteil lärmende Straßen, die Bautzner quillt über, ein Lärmband der Pendler, die morgens aus dem Umland kommen, am frühen Abend zurückrauschen. Über die Radeberger fließt die Blechlawine, quert die Stauffenberg-Allee, Beamte fahren in die Landesdirektion oder die Finanzverwaltung. Busse und Straßenbahnen vervielfachen den Verkehr. Es bleibt nicht viel Achtung vor dem Preußischen Viertel.

Aber mittendrin stehen Häuser, die der misslichen Lage trotzen. Sie wurden von den Straßen nachträglich umbaut. Jetzt kommt noch die Brücke am Waldschlösschen hinzu, leiser wird es damit nicht, nur schneller. Wer also den Stadtteil mit der besten Verkehrsanbindung sucht, hat ihn gefunden. Hier lässt es sich auch wohnen, aber vor allem repräsentativ arbeiten. Deshalb mieteten sich in diesem Viertel Parteien wie die FDP ein, Steuerberater und Anwälte. Die größte Anwaltsdichte der Stadt befindet sich im Preußischen Viertel. Besitzer der Kanzleien sanierten Villen, ließen sich aber auch neue Anwesen bauen.

Vor allem aber lebt der Stadtteil seine Tradition, denn als um die 19. Jahrhundertwende aus dem Ackerland eine Wohnsiedlung entstand, zogen hohe Beamte und Militärs ein. Die Struktur der Straßen und Grundstücke lässt auf eine exakte Planung schließen. Straße, Villa, Park, Park, Villa, Straße. Das hat System, erinnert an ähnliche Architektur in Berlin und Potsdam. Deshalb Preußisches Viertel, das sich in der Radeberger Vorstadt befindet, die so heißt, weil eine der großen Einfallsstraßen nach Radeberg führt. Diese Ecke blieb im Krieg unzerstört, man mag angesichts des Wohneigentums von Generälen orakeln, ob es Zufälle gibt.

Wer durch das Viertel schlendert, findet aber nicht nur Büros, sondern neben Wohnungen auch Kneipen, Pensionen, kleine Hotels und Galerien wie die 1924 von Heinrich Kühl gegründete Kunstausstellung. Inzwischen darf sie sich die älteste private Verkaufsgalerie Sachsens nennen. Nicht immer erlebte sie gute Zeiten, aber überstand sie, immer privat, auch zu DDR-Zeiten, schloss Kompromisse. Wer im Preußischen Viertel lebt, lebt mittendrin im Leben.

Preußisches Viertel

Nordstraße 5 | 01099 Dresden
Telefon 0351 8045588 | www.kunstausstellung-kuehl.de

Ein Kraftwerk folgt dem Strom der Zeit

Zwischen Ober- und Niederwartha schafft das Pumpspeicherwerk Energie für Stoßzeiten und lockt zum Aufstieg.

70

Sie kriechen wie zwei dick gefressene Schlangen den Berg hinauf. Kräftig, verdächtig. In ihren Därmen sprudelt literweise Wasser. Nachts pumpen sie es 143 Meter nach oben, am Tag rauscht es wieder hinunter. Im oberen und unteren Becken herrscht fern vom Meer Ebbe und Flut. Wer zu dicht am Ufer rastet, wird nass.

Ende der 1920er-Jahre wurde das Pumpspeicherkraftwerk zwischen Ober- und Niederwartha als Geniestreich der Stromerzeugung gefeiert. Wenn nachts der Strom nicht benötigt wird und billig ist, pumpen Motoren das Wasser nach oben. Wenn morgens in Wohnungen, Fabriken und Büros die Lichter angehen, stürzt das Wasser nach unten, treibt die Turbinen an, hilft den Energiebedarf zu decken. 120 Megawatt kamen einst aus den sechs Turbinen, heute laufen noch zwei davon. Die Differenz ist ein Gewinn. Energiebewusste Zeitgenossen meinen, die Idee sei Selbstbetrug, denn auch das Perpetuum mobile funktioniert nicht. Doch es folgte dem Strom der Zeit.

Offensichtlich brachte es genug Energie, denn nach dem Zweiten Weltkrieg bauten es die Russen ab und nahmen es als Reparation in Zahlung. Die Quelle für den morgendlichen Nachschub fehlte plötzlich. Die Wassertürme oben am Hang blieben leer. Sie stehen da und nennen sich auch Wasserschlösser. Sie verhindern, dass der Druck zu sehr steigt. Alles fehlte plötzlich. Die Dresdner bauten ihren Energiesparpark wieder auf, später kamen auch die Maschinen aus der Sowjetunion zurück.

Um alles genau zu betrachten, muss der Besucher mehrere Verbote brechen, denn der Weg nach oben an den Rohren entlang ist gesperrt und auch in dem oberem See darf keiner baden. Die Verbote werden permanent umgangen, denn es gibt nichts Verlockenderes als das Risiko. Wer es allerdings bequemer haben will, der fahre ins Freibad Cossebaude, eine der schönsten Wasseranlagen in Dresden. Hier kann jeder für ein kleines Eintrittsgeld entspannt die Sonne und das Baden genießen. Es ist gerade so, als würde man das Elbewasser nutzen, um zu schwimmen. Aber das ist nur bei großer Flut so. Apropos Flut: Im August 2002 wurde das Kraftwerk durch das Elbehochwasser beschädigt. Ab November 2003 wurde es schrittweise wieder in Betrieb genommen.

Ein Erlebnis ist es allemal. Das Dresdner ist eines der interessantesten Pumpspeicherwerke in Deutschland, allerdings nicht das einzige, es existieren 30 Stück davon. Nur zwischen Ober- und Niederwartha wirkt das Kraftwerk, das gar keines ist, besonders verblüffend, weil es an dieser Stelle eigentlich kein Mensch erwartet.

Pumpspeicherwerk Niederwartha

An der Meißner Straße | 01156 Dresden
Telefon 0351 452-3327 | www.vattenfall.de

Blumenfeld aus Blech und Fontänen

Der Pusteblumen-Springbrunnen breitet sein Wasser auf dem Albert-Wolf-Platz in Prohlis aus. Aus der City musste er verschwinden.

71

Es ist Unkraut. Löwenzahn. Wenn er den grünen Schutzmantel aufklappt, kommt das Gelbe wie aus dem Ei gepellt und verzaubert sich in ein Meer weißer Fallschirme. Kinder greifen sich die Startbahn am Stil und pusten den Krautsamen in alle Welt, auf dass er sich vermehre und verwandle. In einen Springbrunnen zum Beispiel.

In Prohlis steht er, der Pusteblumen-Springbrunnen. Ein wässriges Blumenfeld aus Blech und Fontänen. Er verzog sich an den Stadtrand, weil er in die Stadtmitte angeblich nicht mehr passte. Die Flut 2002 schien ein guter Anlass, das Wasserspiel abzuschieben. Die Erfinderin protestierte. 1969 hatte die Bildhauerin Leonie Wirth ihren Blütenbrunnen entworfen, Blütenpracht auf der Prager Straße. Die Brunnen erfreuten wirklich, zwischen den Pusteblumen hockten Wasserpilze. Wirth protestierte gegen die Verstümmelung, sie mochte keine Amputation ihrer Springblumen. Doch der Protest ging unter. Die Beamten im Rathaus tauchten ab und ließen zu, dass Neugestalter Siegbert Langner von Hatzfeld auf der Einkaufsmeile 2004 einen kläglichen Rest aufstellte. Die Brunnen aus den 60er-Jahren würden ihr Wasser zu weit verbreiten, sagte er. Es blieben drei stillose Stilblüten, die mäßig vor sich hin plätschern. Pustekuchen.

Wer die volle Blüte sehen will, der fahre zum Albert-Wolf-Platz nach Prohlis. Hier fühlt sich der Brunnen wohl, breitet sein Wasser aus und die Prohliser mögen ihn, weil er Frische bringt, weil er an die Kinderzeit erinnert, weil er die Plattenlandschaft heiter macht. Oben aus den 16-Geschossern blicken Rentner zu der Quelle, die Kurzen planschen im Sommer in den Wellen und wer als Schaumschläger in die Geschichte eingehen will, der nimmt Spülmittel und kippt es an die Saugpumpe.

Pusteblumen-Springbrunnen mögen ihre Orte, sie stäuben Freude. Sie verbreiten sich. In Christchurch in Neuseeland beispielsweise sprudelt einer. Davor stand, während dort die Unesco über den Welterbetitel für Dresden verhandelte, ein Dresdner Stadtrat und sagte: »Gucke sich das eener an, den ham die uns geklaut.« Er könnte am Bodensee dasselbe sagen oder in Limburg an der Lahn oder vor dem Nationalmuseum in Oslo. Auch in Stuttgart steht ein halber Wasserpuster. In Dresden wuchsen die Pusteblumen schön hoch und konnten mit Wasser nur so um sich springen. Wie schön kann Unkraut sein. Wie schön, dass es nie vergeht. Und wir nehmen an, dass die Fallschirme der Pusteblumen-Springbrunnen von Dresden aus in die Welt starteten.

Pusteblumen-Springbrunnen

Albert-Wolf-Platz | 01239 Dresden

Der Fürst mit der hölzernen Maske

Ein Verein betreibt heute das Putjatinhaus in Kleinzschachwitz. Einst war es eine Dorfschule, gestiftet von Fürst Putjatin.

72

Es war einmal ein Fürst, der hieß Nikolai Abramowitsch Putjatin. Der lief nicht einfach unter der Sonne durch, sondern setzte eine Mütze mit einem großen Schirm auf, eine Brille mit blauen Gläsern und verhüllte sich mit einem Überrock. Das Tragen von Hosen lehnte er ab. Mit sich trug er einen riesigen Schirm, eine Peitsche und eine Flöte, mit der er seine Möpse rief, wenn sie sich zu weit von ihm entfernten. Er fuhr auch nicht unter der Sonne durch, sondern seine Kutsche lagerte auf einem mit Luft gefüllten Lederballon, der versorgte zwei Blasebälge, die dem hohen Herrn während der Fahrt eine kühle Brise zufächelten. Im Winter ließ er seinen überdachten Schlitten mit einem Ofen ausrüsten.

All das tat er für sich, aber ebenso für seine Kinder, obwohl er ganz offiziell gar keine hatte. Bei ihm lebte eine Stieftochter, die vielleicht seine leibliche Tochter war, sein Sohn wuchs ganz woanders auf, erbte aber später das Vermögen des Vaters. Die Ursache der verworrenen Familienverhältnisse liegt in der Liebe zu einer Frau, einer Gräfin, die allerdings bereits verheiratet war. Als sie sich verliebten, lebten die Gräfin und der Fürst noch in Russland. Sie musste das Land verlassen, denn als die Untreue der Frau kein Geheimnis mehr blieb, gab es einen Skandal, eine Scheidung und die dringende Bitte, das Land zu verlassen. Sie gingen nach Deutschland. Drei Töchter hatte die Gräfin, eine durfte sie mitnehmen, denn ihr Exmann vermutete bei der einen, was wohl stimmte. Und um die Scheidung zu bekommen und das Erbe der anderen Töchter nicht zu gefährden, verpflichtete sich die Gräfin, ihre Ehe mit Putjatin kinderlos zu halten. Eine Verpflichtung, die bei so viel Liebe nicht aufging. Deshalb verschwiegen sie ihren gemeinsamen Sohn.

In Deutschland angekommen, suchte der Fürst für seine Familie einen Ort mit Sonne und frischer Luft. Er fand ihn in Kleinzschachwitz, kaufte das Land 1796, ließ eine Sommervilla mit Landschaftspark und Tempel bauen. Er nannte dies sein »Storchennest«, das Haus besaß 16 Balkone, einen minarettartigen Turm, viele Schaukeln und eine Seilbahn im Garten, dort gab es auch Grotten und Ruinen. Da hindurch stolzierte der Fürst. Manchmal trug er eine hölzerne Maske als Schutz gegen den Wind. Putjatin gab einen wunderbaren Peter Pan ab.

Der Fürst stiftete den Kleinzschachwitzern 1823 eine Dorfschule, die er selbstverständlich nach russischem Vorbild selbst entwarf. Heute betreibt ein Verein das Haus. Sehr umtriebig und voller Ideen. Der Fürst wäre begeistert.

Putjatinhaus

Meußlitzer Straße 83 | 01259 Dresden
Telefon 0351 2011906 | www.putjatinhaus.de

Italienische Idylle an Körners Weinberg

Im Café Zaza erleben die Gäste mediterranes Flair, einfache Speisen und einen unglaublichen Blick über die Elbe.

73

Vom Körnerweg aus geht es durch eine kleine Tür. Dann folgt der Aufstieg. Stufe um Stufe. Der Lohn wartet auf der Terrasse, ein Blick zur Elbe, zum Blauen Wunder. Von der Schillerstraße läuft ebenfalls ein Weg zum Eingang. Beidseitig sind die Gäste willkommen. Und sie wissen, hier lässt es sich leben. Die Dampfer ziehen auf der Elbe vorüber. Sonntags zum Brunch gehen Stunden ohne Zeitbeschwerden erleichternd vorüber. Hier ist man Mensch, hier darf man es sein.

Die Speisekarte bietet ein mediterranes Angebot, schlicht, wenig spektakulär. Die Villa allein präsentiert schon das Erlebnis, die Lage im alten Weinberg muss man spüren. An diesem Ort wird die Lust, schön zu wohnen, immer größer. Die Bohème fühlt sich wohl, Maler schauen gern vorbei. Unter ihnen kehren Stammgäste immer wieder ein, zu später Stunde malen sie Gästen die Zukunft rosig.

Das Zaza nimmt auf den ersten Blick keiner für voll, weil es so privat am Hang steht, aber gerade diese fast intime Atmosphäre macht den Charme aus. Spaziergänger, Radfahrer schauen vorbei, ein lautes Hallo, Küsschen auf die Wangen, Italien kann nicht weit sein. Unterhalb des Restaurants quirlt die Stadt, das Blaue Wunder erträgt die Lasten mit erstaunlicher Gelassenheit. Mit Glück gibt es von oben ein Blick auf das Körnerhaus zu erhaschen. Dort wohnt heute ein Architekturprofessor mit seiner Familie. Offen steht es nicht mehr.

Der Jurist und Mäzen Christian Gottfried Körner hatte auf eben jenem Weinberg, wo das Zaza residiert, 1784 sein Sommerhaus gebaut. Hier erschien die Hautevolee jener Zeit. Eine offene Gesellschaft, deshalb saßen damals, als die Stadt das Körnerhaus verkaufen wollte, Loschwitzer unter anderem im Café Zaza, um zu verhindern, dass am Ende nichts mehr an jene Zeiten erinnert. Ein Denkmal, für das sich insgesamt 16 Bürgerinitiativen einsetzten.

Der Sturm legte sich, weil die Käufer mit Respekt vor der Vergangenheit das Körnerhaus sanierten. Offen steht es dennoch nicht. Das Zaza erfüllt heute den Wunsch, sich zu begegnen, ein wenig in der künstlerischen Vergangenheit Dresdens zu schwelgen. Mit Glück sehen Gäste unten auf dem Körnerweg den Schauspieler Tom Pauls mit seinem Rad zur nächsten Bühne radeln. Er wohnt ganz in der Nähe. Der Elbhang verlor nichts von seiner Anziehungskraft. Ganz im Gegenteil. Seit die Elbe immer klarer wird, sieht der Gast vom Zaza aus auch die Bootsbesitzer im kleinen Jachthafen und Angler. Mehr Idylle ist kaum auszuhalten.

Restaurant Zaza

Schillerstraße 11 | 01326 Dresden
Telefon 0351 2655632 | www.zaza.de

Der Park der tausend Farben

Wunderbar blühen die Rhododendronsträucher im Park in Wachwitz, der 1970 zum Forschen von der TU angelegt wurde.

74

Das ist Dresden. Gerade noch kroch der Autofahrer im Stau die Pillnitzer Landstraße entlang, befindet er sich kurz nach dem Abbiegen augenblicklich in einer anderen Welt. Stille, Duft, Verlangen. Irgendwo am Luganer See mag es ähnlich schön sein, duftet es, zwitschert es wie hier. Dieser kleine Park liegt herrlich versteckt gleich neben den Weinbergen. Wege schlängeln sich durch über 1 000 Rhododendronsträucher von 200 verschiedenen Sorten, 60 Arten. Ende April bis Anfang Juni leuchten die Blüten in allen Regenbogenfarben. Sie lassen das Grün erblassen. Wer einmal den Park gefunden hat, der mag nicht wieder gehen.

Nebenan glänzt die sanierte königliche Villa. Oberhalb steht das eigentliche Schloss Wachwitz. Es wurde 1936 bis 1937 von Max Hans Kühne errichtet, diente als Wohnsitz von Markgraf Friedrich Christian. 1945 wurden die Wettiner enteignet. Jetzt nutzte zunächst das Sowjetische Militär Schloss und Villa als Verwaltungssitz, später wurde das Schloss Sitz der Sächsischen Akademie für Weiterbildung der Lehrer und Erzieher, danach bis zur Wende Außenstelle der Jugendhochschule »Wilhelm Pieck« für die Ausbildung von Kulturkadern der FDJ.

Die Villa ist heute saniert, Eigentumswohnungen befinden sich darin. Das Schloss wird umgebaut. Jahrelang hatten die Erben der Wettiner nach 1990 ihr vermeintliches Eigentum eingeklagt. Die Blaublüter beriefen sich darauf, dass ihnen nach der Abdankung des letzten Königs Villa und Schloss als Privateigentum zugefallen seien. Das Verwaltungsgericht Dresden wies das 2003 zurück. Die Gebäude standen weiter leer, der Freistaat suchte verzweifelt einen Investor. Die Bedingung dabei: Der Wachwitzer Park sollte weiterhin für die Öffentlichkeit begehbar bleiben. Der neue Eigentümer findet das nicht witzig, muss sich aber daran halten.

Mit dieser Geschichte möchte man meinen, dass dieses Stückchen Paradies von den Wettinern angelegt wurde. Mitnichten. Der Gartenbauingenieur Karl Scholz begründete den Park im Jahr 1970. Ja, 1970. Gemeinsam mit der Technischen Universität diente er zu Forschungszwecken, aber vor allem zur Erholung. Jetzt kämpft man darum, dass der Park geöffnet bleibt. Die Bänke waren schon mal verschwunden. Wirklich viele Menschen kommen auch nur, wenn hier das Blütenmeer wogt. Von hier aus führen Wege in die Weinberge und den Wachwitzer Höhenpark. Da wird gewandert. So ist das in Dresden. Träumte der Spaziergänger gerade noch zwischen den Blüten, muss er plötzlich Pilze sammeln.

Rhododendronpark Wachwitz

Wachwitzer Weinberg | 01326 Dresden
www.rhododendronpark.de/wachwitz.htm

Lässig abhängen zwischen Rosen

Die Witwe des Bildhauers Felix Pfeifer, schenkte das Bronzemädchen im Rosengarten der Stadt, es kam aus Leipzig nach Dresden.

75

Lässig im Stuhl abhängen, Prosecco schlürfen und die Zigarette im Mundwinkel halten. Ja, hier ist Rauchen noch erlaubt. Schließlich sitzt der Gast vorzugsweise im Freien. Aus den Lausprechern des Restaurants Rosengarten dudelt Musik von Pavarotti, der alten Rockmutter Gianna Nannini, von Nek, Zucchero oder Eros Ramazzotti, von dem sich die Mädels gleich ein Gläschen bestellen. Die Kinder spritzen mit Wasser aus dem Springbrunnen, rennen den Spatzen hinterher und schlagen Purzelbäume über die Wiese. Dann gibt es Pizza und kiloweise Pasta. Zwischendurch rennen alle zur Elbe, um zu sehen, wie sich ein Dampfer durch die Elbe schaufelt. Hier wirkt alles leicht, keiner lässt sich stören. Elbflorenz lässt sich leben.

Die Erbauer des Fleckchens Erde hatten sich das möglicherweise ganz anders gedacht. Denn der Garten entstand 1936, als in Dresden die Reichsgartenschau stattfand. Die Uferpromenade auf der Neustädter Elbseite bekam gestaltete Gärten. Einen mit 6 000 Rosenstöcken. Viele von ihnen sind noch erhalten oder wurden in den vergangenen Jahren nachgezüchtet, um den originalen Zustand der Pflanzenwelt wiederherzustellen. Rosen scheren sich zum Glück nicht um politische Irrwege. Sie blühen, sie duften, sie welken, sie verholzen. Bei guter Pflege sind sie immer da.

Zwischen all den Büschen überrascht eine nackte Dame, die zeigt sich wohl proportioniert, kümmert sich wenig um den Rest des Gartens. Sie lässt sich bescheinen. Die Witwe des Bildhauers Felix Pfeifer, der 1871 in Leipzig geboren wurde und 1945 starb, schenkte das Bronzemädchen nach der Gartenschau der Stadt Dresden. Das Mädchen stand ursprünglich seit 1927 auf einem Brunnen vor dem Gebäude der Ortskrankenkasse in Leipzig und kam 1936 nach Dresden. Damals nannten es die Propagandisten Beglückende Schönheit. Heute heißt die junge Dame Genesung. Man mag sich daneben stellen und von ihrer Gesundheit profitieren.

Wer weiter sucht, der findet noch die Große Kniende, die Plastik ani-mal, es verstecken sich auch zwei Bären und vier Putten aus Sandstein, die von den Jahreszeiten erzählen. Hier treffen sich die Zeiten der Kunst wie Spaziergänger zum Eisessen. Hier am Rosengarten treffen sich die Neustädter, es kommen die Johannstädter mit der Fähre über die Elbe, die Altstädter radeln von der nahen Albertbrücke heran. Unter der Pergola des Restaurants feiern sie ihre Geburtstage und Hochzeiten, Geburten und Scheidungen. Wie lässig doch die Deutschen sein können, wenn sie zwischen Rosen spielen.

< 160 | 161 >

Rosengarten

Carusufer 10 | 01099 Dresden
www.rosengarten-dresden.de

Feine Bilder der Dresdner Provinz

An dem Mietshaus in der Teichstraße 5 erinnert ein Schild an den Maler Theodor Rosenhauer, der hier 90 Jahre lang lebte.

76

Auf dieser Straße vermuten Sie alles, nur keinen großen deutschen Maler. Warum sollte er es zwischen Mietshäusern und Dreiseitenhöfen, zwischen Vorstadtmief und Bäckerladen ausgehalten haben. Er wollte es so. Er liebte die einfachen Dinge des Lebens. Brot, Wein, Zwiebeln. Und die malte er. Sein Name ist Theodor Rosenhauer. Er lebte von 1901 bis 1996. Fast immer in Trachau.

An der Teichstraße 5 erinnert ein Schild an ihn: In diesem Haus wohnte neunzig Jahre lang der Dresdner Maler Theodor Rosenhauer. Ein treuer Mieter, ein verlässlicher Zeitgenosse, ein vertrauter Nachbar. Seine Bilder sprechen eine spezielle Sprache: feine, genaue Bildnisse der Dresdner Provinz. Er erzählt mit Farben kleine Geschichten, die durch ihre Zurückhaltung Größe bekommen. Er malt seine Welt, keusch, beseelt, immer zweifelnd. Rosenhauer schenkt uns Bilder von Trachau. Wir erkennen die Straßen, die Kneipen, den Bäcker, die Kinder, Vögel.

Heute liegt dieser ganz stille Stadtteil neben der lauten Leipziger Straße, unweit der Elbe, gegenüber dem Weißen Hirsch die andere Seite Dresdens. Die Mietshäuser saniert, die Höfe halb fertig, manche warten darauf, entdeckt zu werden, andere entstehen neu, nach und nach. Trachau wurde 1242 erstmals als »Trachennowe« erwähnt. Es erstaunt, dass hier kein »itz« am Ende steht, wie fast sonst überall in den kleinen Stadtteilen, die slawischen Dörfern entstammen. Trachennowe stammt aus dem Mittelhochdeutschen und heißt »Ort bei den Drachenbergen«, nicht weit entfernt liegt Trachenberge. Dennoch siedelten hier einst Sorben, der alte Elbarm bot gutes Wasser und nahrhaften Boden. Das Dorf entstand als Straßenangerdorf mit Gewannflur. Und der Name von Rosenhauers Teichstraße erklärt sich aus der Nähe zum heutigen Dorfplatz, wo es einst zwei Teiche, Große Pfütze und Kleine Pfütze, gab.

Der Maler kannte jeden, jeder kannte ihn. Ein duldsamer Mensch, der sich nie vereinnahmen ließ. Als Kulturfunktionäre in der DDR ihm für viel Geld ein Bild abkaufen wollten, als sie in seine Wohnung kamen, haute er ab mit dem Bild und ließ ausrichten, er sei verhindert. Das Stadtmuseum besitzt zehn Gemälde von ihm, zum Glück, denn während des Krieges brannte sein Atelier und er verlor alles, wich kurzzeitig nach Radebeul aus, malte die zerstörte Stadt. In seinen letzten Lebensjahren musste er sein Haus verlassen, nach einem Schlaganfall nach Berlin in ein Pflegeheim gehen. Mit 95 Jahren starb er. Trachau vermisst seinen Maler.

Rosenhauer in Trachau

Teichstraße 5 | 01139 Dresden
www.sadk.de/rosenhauer.html

Zwiebelkuppeln wie im malerischen Moskau

Die Russisch-Orthodoxe Kirche steht seit 1874 in der Südvorstadt, erbaut und später saniert mit Spenden reicher Russen.

77

Sie ist überraschend. Kein Mensch erwartet in Dresden eine Klosterkirche mit Zwiebelkuppeln wie auf einem Gemälde mitten aus dem malerischen Moskau des 17. Jahrhunderts. Und doch steht sie hier, genau wie in Berlin, Bremen, Leipzig oder Wiesbaden. Heute regen sich Menschen darüber auf, dass reiche Russen mit ihren lauten Kindern durch die Juwelierläden schlendern wie Deutsche durch den Supermarkt. Doch das Phänomen gab es schon einmal.

In der zweiten Hälfte des 19. Jahrhunderts bauten sich wohlhabende Ausländer exklusive Villen in der See- und Südvorstadt. Integration fand nicht statt, vor allem deshalb, weil es im protestantischen Sachsen keine religiöse Anbindung gab. Die einstigen Neudresdner bildeten ihre eigenen Gemeinden, bauten ihre eigenen Kirchen, eine amerikanische, eine englische, eine schottische und eine russische. Die musste zwischen 1914 und 1921 wegen Sicherheitsbedenken gegen Gottesdienste in russischer Sprache schließen, den englisch-amerikanischen Bombenangriff vom 13. Februar 1945 überstand sie dagegen unbeschadet. Das Schicksal geht manchmal merkwürdige Wege.

Zwischen 1872 und 1874 bauten zwei Architekten das Gotteshaus, Harald Julius von Bosse, ein russischer Staatsrat deutscher Herkunft, sowie Karl Weißbach, ein gebürtiger Dresdner. Einen großen Teil der Bausumme, schlappe 520 000 Reichsmark, spendete der russische Staatsrat Simeon Wikulin. Seine Bedingung: Die Kirche sollte nach seinem Namenspatron, dem heiligen Simeon vom wunderbaren Berge, benannt werden. Wer zahlt, kriegt seinen Willen.

Dresden bekam ebenfalls seinen Willen, denn der Sakralbau besteht zwar aus Ziegelsteinen, doch Sandsteine verkleiden den schnöden Werkstoff. Noch heute gilt in der Landeshauptstadt das Prinzip, dass die Behörde vieles, auch Hässliches genehmigt, wenn nur Sandstein an der Fassade hängt. Für die Kirche gilt zum einen das Prädikat »imposant«. Allein der Turm über der Vorhalle ragt 40 Meter hoch über den Fußweg. Zum anderen gilt das Prädikat »wertvoll«. Ikonostas aus Marmor, Ikonen des Malers James Marshall, bekannt durch die Malereien in der Semperoper.

Die Gemeinde hat heute etwa 1 000 Mitglieder. Sie fühlen sich wohl, die Kirche glänzt, bis 2007 wurde sie für fast eine Million Euro saniert. Start für die Erneuerung war übrigens schon 1985. Wieder flossen Spenden reicher Russen. Kein Dresdner lässt sich davon mehr überraschen. Die Kirche gehört zur Stadt.

< 164 | 165 >

Russisch-Orthodoxe Kirche

Fritz-Löffler-Straße 19 | 01069 Dresden
Telefon 0351 4719414 | www.stsimeon.bplaced.net/de

Gläserner Saal für die Demokratie

Von der Tribüne aus können Bürger die Debatten im Plenarsaal des Landtags verfolgen oder im Restaurant Chiaveri essen.

78

Hier muss man aus mindestens zwei Gründen gewesen sein. Erstens: Die sächsischen Abgeordneten leben Demokratie. Zweitens: Wer dem Landtag aufs Dach steigt, kommt in das Restaurant Chiaveri, von wo aus der Gast einen spektakulären Blick auf die Elbe, das Schloss, die Semperoper und die Hofkirche genießen kann.

Gaetano Chiaveri erbaute die Hofkirche, entwarf Pläne für das Residenzschloss und war Bauherr am Hofe in Sachsen, Polen und Russland. An den Architekten des Barock erinnert der Name des Restaurants, seine Architektur ist das Gegenteil. Minister der sächsischen Regierung speisen hier, treffen Unternehmer, Lobbyisten oder Landtagsabgeordnete, die Mitglieder der Fraktionen diskutieren bei edlem Essen über die Zukunft Sachsens. Da das Chiaveri für jeden offen steht, kann der Wähler hier spontan einem Regierungsvertreter begegnen.

Das Landtagsgebäude erinnert mit keinem Ziegel an barocke Bauweise, sondern entspringt zwei verschiedenen Generationen, die beide funktional dachten. Der Altbau stammt aus dem Jahre 1928, ein Verwaltungsbau, typisch für jene Zeit, klare Linien in der Tradition der Bauhausarchitektur. Dort rechneten einst die Beamten des Landesfinanzamtes, von 1946 bis 1990 saßen in demselben Gebäude die Genossen der Stadt- und Bezirksleitung der SED. Als die ausgezogen waren, nutzten die frei gewählten Landtagsabgeordneten das Gebäude. Der Landtag selbst hatte jedoch zunächst, vom 27. Oktober 1990 bis zum 17. September 1993, seinen Sitz in der Dreikönigskirche auf der Hauptstraße.

Allerdings fehlte den Volksvertretern ein moderner Tagungssaal. Das alte Finanzamtshaus bekam einen gläsernen Anbau, damals ein kühner Entwurf mit der Idee, die neu gewonnene Demokratie für die Bürger transparent werden zu lassen. Architekt Peter Kulka verwirklichte damit in seiner Geburtsstadt das erste große Projekt, nachdem er aus Köln ins Elbtal zurückgekehrt war.

In dem Plenarsaal sitzen die Vertreter der Parteien, geordnet von links bis rechts, vorn haben die Minister ihren Platz. Oben auf dem Rang sitzen die Bürger, wenn sie denn eine Landtagsdebatte live verfolgen wollen. Im Plenarsaal dominieren Stahl, Glas und Holz, keinerlei spektakulärer Firlefanz.

Vor dem Saal öffnet sich ein Bürgerfoyer, in dem Ausstellungen stattfinden. Vor der gläsernen Front zieht die Elbe vorbei oder es schlendern Dresdner und Gäste der Stadt die Uferpromenade entlang. Mindestens der dritte Grund, hierher zu kommen.

Sächsischer Landtag

Bernhard-von-Lindenau-Platz 1 | 01067 Dresden
Telefon 0351 493-50 | www.landtag.sachsen.de

Ein Kieztopp für Lichtspielfreunde

In der Schauburg schauen vorzugsweise die Neustädter Kino, hören Lesungen oder Musik. Seit 1927 gibt es das Kino auf der Königsbrücker.

79

Hier muffelt es. Eine Luftmischung aus verbotenem Qualm, pogeplätteten Sitzen, schweißgebadeten Gästen, staubgewordenem Kintopp, übergelaufenem Bier und Wischeimer. Wen es stört, der hat hier nichts zu suchen, der sucht hier auch nichts.

Rechts neben dem Eingang gibt es Eis, hinter dem Eingang ein schwarzes Brett. Hier wird Meinung gemacht. Kinokritiken heften an der Wand, doch es kann auch sein, dass dort plötzlich einer aushängt, weil er in einem Zeitungsblatt der Stadt mal was Richtiges geschrieben hat. Wenn nicht, schreibt einer dazu, wie blöd er das findet. In einem Regal sielen sich Karten für Clubs, Theater und Buchhandlungen rum. Davor drängeln sich wissende Anmerker, warten auf die anderen.

Dann kommt die Kasse, hinter der junge Mädels oder Jungs Tickets verkaufen und Bemerkungen mit Blaffen quittieren. Anmache is nich, jedenfalls nicht zwischen Schülerrabatt und Filmauswahl. Die ist das Kino wert. Denn die Schauburg bietet immer Sehenswertes. Hier geht der Mensch hin, weil er hier hingehört und die trifft, die dazugehören. Das letzte große Kino mit Charakter, das die Zeiten überlebt hat. Innen ausgelatschter Charme, außen rotalter Putz. Es blieb stehen in den Bombenächten 1945, es durchstand die DDR mit Widerstand. Jetzt bloß nicht kaputtrenovieren, sonst kann man ja auch in eins der anderen Kinos gehen, die inzwischen alle aussehen wie Tankstellenshops mit Leinwand.

Die Schauburg in der Äußeren Neustadt, an der Pflastersteinkreuzung Königsbrückerstraße/Bischofsweg, darf sich getrost Lichtspielhaus nennen, gebaut 1927 nach Plänen von Martin Pietzsch. Der hatte damals in einem großen Saal 1 000 Plätze eingerichtet, es folgten 1959, 1960 und 1994 Umbauten. Heute finden sich drei Säle mit 717 Plätzen. Unten, neben der Kasse, stehen Stühle, Tische und der Tresen, über dessen Platte die Flaschen schaben. Manchmal liest in dem Kino einer seine Geschichten vor oder Musiker spielen. So ist das in der Neustadt mit dem Kino, das sich ein bisschen auch als Stadtteiltheater versteht. Ein Kieztopp.

Zu den Sälen geht es die Treppe rauf, an den Klos vorbei. Oben steht die Abreißerin, die schon immer da steht. Und wenn du die Füße auf die Vorderlehne krachst, kann es sein, sie faucht dich an oder lässt dich gewähren. Jedenfalls darfst du die Schuhe ausziehen oder deine Nachbarin. Der Film kommt aus Frankreich oder Deutschland und wenn es nicht anders geht aus Hollywood. Oft geht es nicht anders. Und es muffelt auch nicht immer.

Schauburg

Königsbrücker Straße 55 | 01099 Dresden
Telefon 0351 8032185 | www.schauburg-dresden.de

Es schillert in Dresden

Im Schillerhäuschen soll der Dichter die »Ode an die Freude« geschrieben haben. Wenn es das Haus damals schon gab.

80

Lieber Friedrich Schiller, sehr nett war das nicht: »Die Chursachsen sind nicht die liebenswürdigsten von unseren Landsleuten, aber die Dresdner sind vollends ein seichtes, zusammengeschrumpftes, unleidliches Volk, bei dem es einem nie wohl wird.« Hallo!? Dabei erinnerte den Marbacher das Elbtal an die »Tummelplätze seiner Kindheit«.

So sind Dichter, käuflich, aber unbestechlich. Dabei hätte Schiller entspannt auf seine Zeit an der Elbe schauen können. Denn als er 1785 von Leipzig nach Dresden umzog, war er pleite, doch der Jurist, Literaturkritiker und Kunstmäzen Christian Gottfried Körner mochte den Dramatiker, rettete ihn aus seiner Not. Er unterstützte ihn mit Geld, ließ ihn bei sich wohnen und arbeiten. Schiller nutzte das Häuschen an der heutigen Schillerstraße, 1785 hatten die Körners den Weinberg als Sommerwohnsitz erworben. Hier vollendete der Dichter den »Don Carlos«. Gern glauben wir daran, dass er an diesem schönen Ort die »Ode an die Freude« schrieb.

Vielleicht ist das Ganze aber auch nur eine schöne Geschichte, denn es gibt genug Literaturhistoriker, die die Existenz dieses Pavillons infrage stellen. Möglicherweise existierte das kleine gelbe Häuschen, das heute Schiller mit einer Gedenkstätte ehrt, damals noch gar nicht. Lassen wir die Experten streiten, ein Haus jedenfalls muss es gegeben haben, denn Schiller schrieb in einem Brief am 13. September 1785 über sein neues Quartier: »Abends gegen fünf fuhren wir nach dem Weinberge, unterwegs fand ich die himmlischste Gegend [...]. Am Fuße des Berges liegt das Wohnhauß [...]. Am Hauß ist ein niedlicher kleiner Garten und oben auf der Höhe des Weinbergs steht noch ein artiges Gartenhäußchen. Die Aussicht von diesem und der Untergang der Sonne soll ganz zum Entzücken seyn.« Das klingt ja ganz begeistert, lieber Friedrich.

Vielleicht lag sein Gram über die Dresdner ja auch an der enttäuschten Liebe. In der »kurfürstliche Schenke« verliebte er sich in die hübsche Wirtstochter Johanna Justine Renner, aber die wollte ihn nicht. Schiller konnte die Dame nicht vergessen, setzte ihr ein literarisches Denkmal in »Wallensteins Lager« und schrieb: »Was? Der Blitz! Das ist ja die Gustel aus Blasewitz!«.

Die Dresdner verehren ihren Schiller sehr, setzten ihm Denkmale, Plaketten, nannten Straßen, das Häuschen und die Gaststätte nach ihm. Im Schillergarten singen alle gemeinsam über die Tochter aus dem Elysium. Da schillert es in Dresden.

Schillerhäuschen

Schillerstraße 19 | 01329 Dresden
Telefon 0351 315810 | www.stmd.de

Chinesische Kopie der Luxusklasse

Die Chinoiserien und die Initialen des Kurfürsten unter den Dächern des Schlosses Pillnitz. Die Mode setzte sich durch.

81

Schloss Pillnitz ist eine hübsche Kopie. So wie heute Chinesen deutsche ICEs, Autos oder Mode nachahmen, glaubten vor dreihundert Jahren die Deutschen, das Reich der Mitte sei ein Allheilmittel. Man müsse es nur nachahmen. Alles, was von dem anderen Ende der Welt kam, wirkte so exotisch, friedlich, philosophisch und kultiviert. Die Chinesen kamen in Mode. Und immer wenn etwas trendy zu sein scheint, lässt es sich gut verkaufen. Das ist keine neue Erfindung.

Die ersten Tassen aus Meissener Porzellan sahen 1710 deshalb genauso aus wie ihre chinesischen Vorbilder. Das Schloss in Pillnitz erbaute Architekt Matthäus Daniel Pöppelmann ab 1720 im ostasiatischen Stil. Der Bauherr August der Starke wollte es im indianischen Stil erbaut haben, was auf dasselbe heraus kam. Hauptsache irgendwie exotisch. So gerieten die Dächer schwungvoll asiatisch, die Gesimse sind ausgemalt nach Vorlagen chinesischer Stiche, sogenannte Chinoiserien, blaue Figuren auf rotem Putz am Mittelbau, rote Szenen auf gelbem Grund an den Seitenpavillons des Wasserpalais. Die Mauern stehen im barocken Stil, an den Säulen die Insignien von Augustus Rex.

Im barocken Pillnitz dominiert Symmetrie, es spiegelt sich alles, kehrt wieder und widerspricht sich; der englische Garten bildet ein Labyrinth zum Durchschauen: Es gibt kleine Seen, eine Orangerie und natürlich die blühende Kamelie. Was für ein Rot, das in den Gesimsen wiederkehrt. Das Lustschloss war die Rache des Kurfürsten an seiner liebsten Mätresse, der Gräfin Cosel. Als die nämlich nach zehn Jahren bei August in Ungnade fiel, nahm er ihr 1707 die Herrschaft Pillnitz, die er ihr als kleine Geste seiner Sympathie einst überlassen hatte, einfach wieder weg. Jetzt sollte der Bau des orientalischen Lustgebäudes erst richtig beginnen.

Die Dresdner lieben es, hier spazieren zu gehen. Lustwandeln entlang der großen, seltenen Laubhölzer, die im Sommer Schatten spenden und im Herbst bergeweise buntes Laub abwerfen, gehört zu den liebsten Freizeitbeschäftigungen. Deshalb auch wehren sich die Bürger gegen den Versuch, den Park abzusperren und Eintritt zu verlangen. Es wäre das erste Mal, weder König noch Kommunisten ließen das zu.

Pillnitz übrigens gab es schon seit dem 14. Jahrhundert. Das alte Schloss am Rande des Gassendorfes stand vermutlich seit 1403 an diesem Ort. Gegenüber liegt eine Insel, auf der die seltensten Vögel brüten. Wer warten kann, der sieht sie auffliegen, der hört sie lachen. Alles original, keine Kopie.

Schloss Pillnitz

August-Böckstiegel-Straße 2 | 01326 Dresden
Telefon 0351 2613-260 | www.schloesser-dresden.de

Ein Schattenort der strahlenden City

Im Frühling und Sommer öffnet in dem Garten des Schlosses Übigau ein herrlicher Biergarten. Das Schloss selbst ist zu.

82

Zu vermuten ist hier nichts Schönes. Vergammelte Industriebauten lungern an den Straßenrändern. Ein Schattenort der strahlenden Innenstadt. Nicht abschrecken lassen. Denn wer den Weg überstanden hat, wird belohnt. Hinter einem Zaun steht ein Schloss. Dass es noch steht, gleicht einem Wunder. Die Fassade zeigt sich gräulich-braun, vom Barock kaum eine Spur. Und doch blitzt an einigen Stellen hervor, was dieses Gebäude so einzig macht. Wer im Frühling oder Sommer in dem Garten sitzt, der ahnt, warum einst der sächsische Reichsgraf von Flemming hier seine Prunk-Datsche errichten ließ. Das war 1725.

Der reiche Flemming enteignete für den Bau kurzerhand die Bauern, denen das Land hier in Übigau gehörte. Der Graf beauftragte selbstredend den besten Hofbaumeister, der gerade in Sachsen war. Der hieß Johann Friedrich Eosander von Göthe, kam aus Preußen, wo er das Berliner Stadtschloss mitentworfen hatte. So besitzt Dresden das einzige erhaltene Barockschloss des Baumeisters. Göthe, dem nur ein kurzes Leben vergönnt war, schuf ein üppiges Gartenhaus, das dem Auftraggeber zum Repräsentieren dienen sollte. Außerdem wollte er hier entspannen und feiern. Es kamen die deutsche Kaiserin Elisabeth und Friedrich Wilhelm I. zu Besuch. Die Gäste bestaunten den Garten, der in der Tradition der italienischen Renaissance angelegt war. Zum Spaß aller gab es natürlich eine Freitreppe zur Elbe, eine Anlegestelle, um sich per Schiff ins Residenzschloss in der Altstadt paddeln zu lassen oder weiter bis nach Pillnitz.

In dem Haus verlustierten sich später die Söhne Augusts des Starken. Aus dem Lustschloss wurde nach dem Ende der Königsära der Verwaltungssitz einer Dampfmaschinenfabrik. Anfang des 20. Jahrhunderts drohte dem Schloss der Totalabriss. Und wie immer in der Geschichte gibt es Wendungen, die keiner glaubt. Gerettet wurde das adlige Anwesen vom Arbeitersportverein. Der pachtete hier Räume und vermietete sie jahrelang an die KPD. Die Dresdner nannten deshalb Schloss Übigau auch gern das Rote Schloss, später saß hier der VEB Dampfkesselbau.

Nach der Wende war der Dampf aus dem VEB raus, das Schloss sich selbst überlassen. Und obwohl es inzwischen privaten Eigentümern gehört, die aus dem Westen glaubten, hier eine Wertanlage zu ersteigern, kam der Glanz nicht zurück. Zaghaft versucht jetzt der Besitzer, dem Anwesen wieder Leben einzuhauchen. Seit 2008 öffnet immer im Sommer eine Wirtschaft und lädt in den Garten ein. Wie schön.

Die Kraft der zwei Bahnen

Die Schwebebahnen gleiten an Trägern den Hang hinauf und hinunter, in der Mitte begegnen sie sich. Die Freude darüber ist groß.

83

Sie ist übrig geblieben aus einer anderen Zeit. Zwischen Loschwitz und Oberloschwitz. Erhebend, so den Hang hinauf zu gleiten, aus eigener Kraft der zwei Bahnen. Zwei Gewichtheber. Sie seilen sich ab und auf, schwebende Züge im Gleichflug. Nur wenn das 430 Meter lange Seil reißt, geht die Balance verloren. Geschehen ist das. Einmal. 1908, sieben Jahre nach der Eröffnung, schossen die Bahnen einen sekundenschnellen Absturz lang tief in den Grund. Und stoppten. Die Konstrukteure hatten den Fall vorausgesehen und an Bremsen gedacht.

Standfest sind die 33 Stahlstützen, an denen alles hängt. 84 Meter Höhenunterschied bewältigen die Fahrgäste. Vor über 100 Jahren eine Sensation. Die Bewohner verkürzten sich so den Weg. Hundertausende fuhren in den Anfangsjahren mit der Bahn, die damals noch doppelte Wagen besaß. Heute ist die Bahn kein notwendiges Verkehrsmittel mehr, aber ein Erlebnis.

Bevor die Dresdner nach Oberloschwitz schweben konnten, mussten sie mühsam den Hang aufsteigen, nur nebenan dampfte schon seit 1895 die Standseilbahn zum Weißen Hirsch. Auf den anderen Höhen standen ebenfalls wunderbare Restaurants. Die »Schöne Aussicht« gehörte dazu, musste jedoch schließen. Eine zweite Bahn musste her.

Doch während die Standseilbahn ihr Double an vielen Bergen der Welt wiederfindet, läuft die Schwebebahn nur in Dresden den Hang nach oben oder unten und gleitet am Ziel auf Schienen. Einmalig. In Wuppertal gleitet eine ähnliche Bahn, aber nur über der Ebene entlang. Kein Vergleich.

In der Talstation läuft der Gast durch ein Sandsteintor, dann werden alle schneller, weil sie den besten Platz ganz vorn besetzen wollen, wie in einem Panoramabus. Hier ist das Fahrzeug selbst die Sehenswürdigkeit, es knirscht, es riecht nach Leder und Fett, es wackelt. Ein Surren, dann setzt sich etwas in Bewegung, alle warten auf den Gegenläufer, ein Hurra, wenn er kommt.

Draußen stehen die Villen der Dresdner wie in die Schräge gesteckt, die Gärten mühsam terrassiert, damit Stühle und Tische gerade stehen können. Jetzt sind die Bäume ringsum groß, die Bahn versteckt sich dahinter. Oben eröffnet sich eine Siedlung, manche Häuser sind mit Dornenrosen umwuchert, andere leuchten den Reichtum ihrer neuen Besitzer auf die Straßen, die besten üben Zurückhaltung. Alles übrig geblieben aus einer anderen Zeit, zeitlos schön.

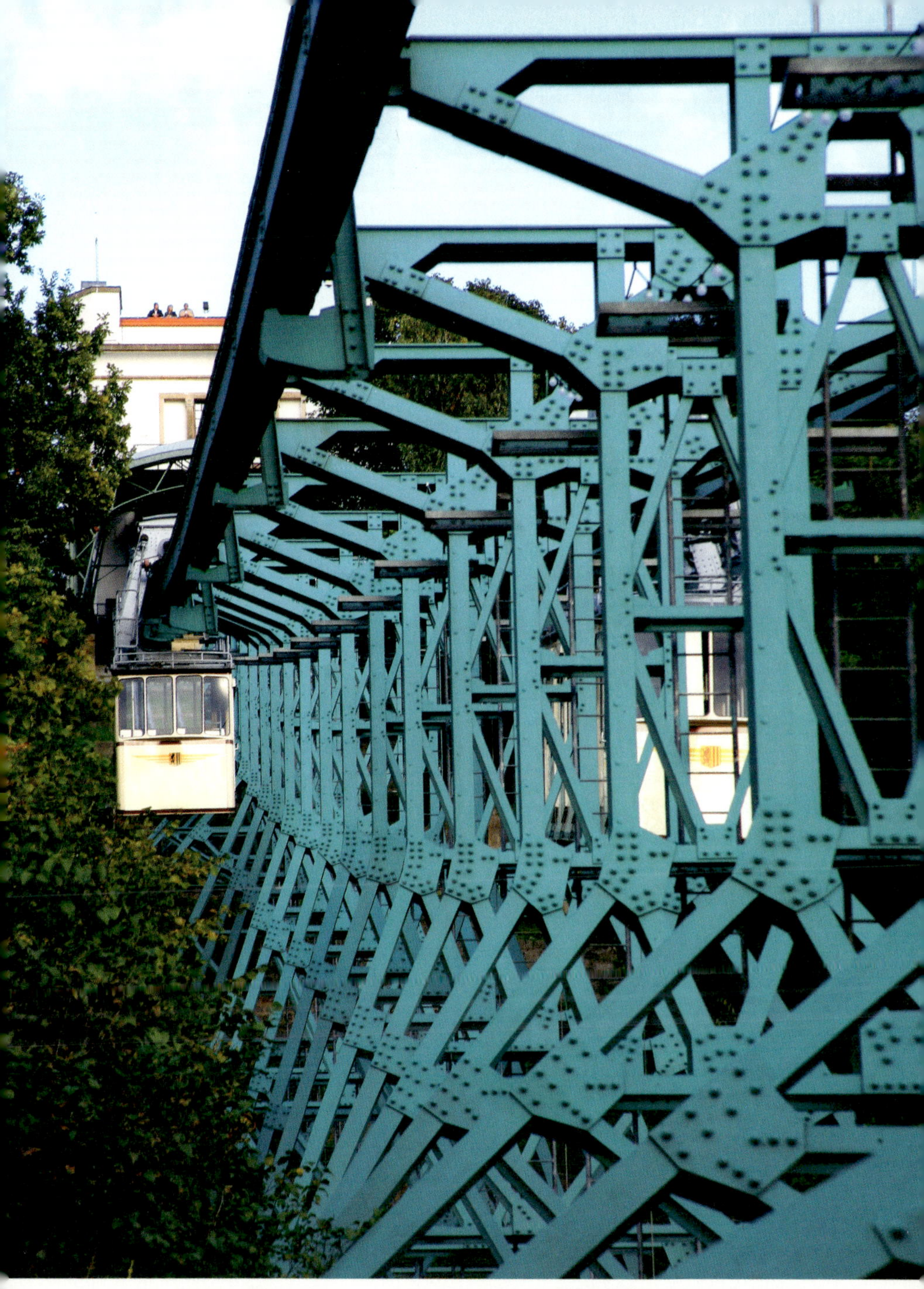

Schwebebahn

Pillnitzer Landstraße 5 | 01326 Dresden
Telefon 0351 8571011 | www.dvb.de

Unterirdisches Geistreich

Auf dem ehemaligen Sportplatz der TU entstand die Landes- und Universitätsbibliothek, die täglich 1000 Leser besuchen.

84

Zwei steinerne Bücherregale stecken in der Wiese, die Buchrücken stilisiert im Travertin der Fassade. Nur die Köpfe stecken ihre Stirn aus dem Boden, auf dem vor Jahren noch Leichtathleten ihre Runden drehten. Dort, wo jetzt meditative Ruhe herrscht, stemmten einst nach Kraft riechende Männer Gewichte in die Luft.

Die Regalköpfe mit Glasluken und Strichcodefassade stehen wie Natursteinquader in der Landschaft, die Spitzen des Bücherbergs ragen als klare Kuben nach oben, ein asiatisch anmutendes Geistreich mit Tiefe. Denn unter der Wiese steckt der Kuben Kern. Unter den horizontalen Oberlichtern scheint der Lesesaal in einem Wasserbecken zu schwimmen, zum Eintauchen in die bibliophile Unterwelt.

Strichcode und Bücherrücken zeichnen in den herausragenden Köpfen das Sinnbild einer digitalen Zukunft. Denn in der Sächsischen Universitäts- und Landesbibliothek wandelt sich das Druckzeitalter in diskrete Zeichenfolgen. Es existieren die Bücher, aber nötig zum Lesen hat sie keiner mehr. Ihre Abbilder sind als duale Zahlensysteme in unbegrenzter Menge stets abrufbar. Männermuskeln zum Schleppen von Bücherstapeln für wissbegierige Studenten sind nicht mehr nötig. Die Ausleihe funktioniert per Tastatur. Ein Fortschritt, der die Printquellen länger leben, aber die haptische Wahrnehmung verkümmern lässt. Staub auf den Buchseiten bringt ein Stück alte Zeit mit in den Lesesaal, Umblättern wedelt einen Hauch von Gestern aus den Seiten.

Stetig mehr Millionen Exemplare des Wissens lagern in den Regalen über der Wiese, tausend Leserinnen und Leser strömen täglich in den Lesetempel, der nach außen hin rational wirkt, sich nach unten aber eröffnet als Tempel der Konzentration. Die Architekten Ortner & Ortner ließen zwischen 1999 und 2003 einen Ort der Balance schaffen. Immerhin gingen hier zwei große Bibliotheken, die Sächsische Landes- und die Universitätsbibliothek zu einer der größten europäischen Bibliotheken zusammen. Schon 1556 gründete Kurfürst August I. Sachsens Büchersammlung als Hofbibliothek, die bis 1728 im Residenzschloss residierte, später im Zwinger und ab 1786 bis 1945 im Japanischen Palais, danach zog die Bibliothek in die Albertstadt. Die Unibibliothek startete 1828. Aus den altehrwürdigen Büchersammlungen entstand mit ihrem Zusammenschluss eine hochmoderne Einrichtung. Wer sich darauf einlässt, taucht nur schwer wieder auf aus diesem tief gehenden Geistreich des Bücherbergs.

SLUB (Sächsische Landes-, Staats- und Universitätsbibliothek)

Zellescher Weg 18 | 01069 Dresden
Telefon 0351 4677-390 | www.slub-dresden.de

Enfant terrible der Dresdner Theater

Die zerstörte Kirche im Hechtviertel wird im Sommer zum Zuschauerraum für Theater. Jetzt bekommt sie ein Dach.

85

Verklagt wurden sie, aber spielten weiter. Steine stürzten vom Turm, aber sie spielten weiter. Geld fehlte, aber sie spielten weiter. Diesem Theater fehlt das Dach, aber nicht der Kopf. Ein Verein leidenschaftlicher Theaterfreunde lässt sich nicht aufhalten. Auf die Klage wegen Lärmbelästigung reagierten sie und mauerten die Fenster zu. Auf die abstürzenden Steine reagierten sie mit dringenden Bitten an Stadträte, die ihnen Geld aus dem Rathaus besorgten, um endlich den Turm zu sanieren. Und jetzt bekommen sie sogar ein Glasdach über den Kopf.

Die St.-Pauli-Ruine ist das Enfant terrible der Dresdner Bühnenszene. Mitten im Hechtviertel veranstalten die Schauspieler ihr Sommerspektakel. Von Mai bis September. Sie zeigten Figaros Hochzeit, suchten sich lustige Stücke von Goldoni, gruben bei Brecht. Sie fanden vor allem Zuschauer und Fans, die gern in den alten Backsteinbau kamen und kommen, um sich unterhalten, um sich aufklären zu lassen. Und das in den Mauern einer Kirche.

Gebetet wird hier schon lange nicht mehr, höchstens für regenfreies Wetter. Denn die Bomben vom 13. Februar 1945 legten das Gotteshaus in Schutt und Asche. Dabei stand dem Viertel die Kirche bestens, die seit 1889 der Gemeinde eine Heimat bot. 1 000 Menschen fanden Platz in der dreischiffigen Halle, der Turm ragte mit seinen 78 Metern hoch über die Dächer der Mietshäuser. Die Gemeinde fand sich nach dem Krieg teilweise wieder zusammen, enttrümmerte in den 60er-Jahren ihre Kirche, sicherte die Ruine, begann zu sanieren. Aber es blieb die zerstörte Kirche.

1996 gab es Geld, endlich zog wieder Leben ein. Die St.-Pauli-Ruine öffnete 1997 als Kultur- und Begegnungsstätte. Bis 2005 von dem Turmgesims Steine abstürzten. Ein Rückfall, der fast die ganze Arbeit der vergangenen Jahre zerstört hätte. Doch Gott ist mit den Leidenschaftlichen, die nicht aufgeben. Heute leben viele junge Menschen im Hecht, junge Familien, die es lieben, mitten in der Stadt ein Theater zu haben.

Zwischen dem Efeu und den Weinranken wachsen neue Ideen, das Hechtviertel gehört längst zu den angesagten Ecken Dresdens. Hier muss keiner irgendwas spielen, es sei denn, er liebt das Theater. Dann geht er in die Bühnenkirche nebenan. Die anderen Theater der Stadt schauen gern mal rüber, was die Enthusiasten da treiben. Schließlich beginnt großes Theater immer in der Szene. Wenn das Dach auf die Ruine kommt, wird sich viel ändern, doch die Leidenschaft für das Theater bleibt.

St.-Pauli-Kirche

Fichtenstraße 2 | 01097 Dresden
Telefon 0351 8043838 | www.kirchspiel-dresden-neustadt.de

Ahnung wandelt sich zu Gewissheit

Das Museum der ehemaligen Stasi-Haftanstalt zeigt das Hafthaus im originalen Zustand, so wie es die Demonstranten 1989 vorfanden.

86

Bis heute ist da ein dumpfes Gefühl. Die Flure, die Gitter, die Türen mit ihren Spählöchern und Klappen lassen ahnen, was geschah. Die Stadt verkaufte das ehemalige Stasi-Gelände auf der Bautzner Straße an einen Investor. Aber die Erinnerung an jene, denen schon ihre Ahnungen zum Verhängnis wurden, sollte nicht käuflich sein.

Das fanden Dresdner, die einen Verein gründeten, um die Erinnerung wach zu halten. Das fand Herbert Wagner, ehemaliges Mitglied der Gruppe der 20 und erster nach 1989 demokratisch gewählter Oberbürgermeister. Hier sollte zumindest ein Museum bleiben, damit Ahnungslose erfahren, was wirklich passierte. Die Gedenkstätte Bautzner Straße bleibt, sie ist die einzige noch im Original erhaltene und für Besucher zugängliche Untersuchungshaftanstalt des einstigen Ministeriums für Staatssicherheit im Freistaat.

Die Ausstellung zeigt das Hafthaus mit seinen Zellen, den Aufnahmeraum, die Schreibzelle, Duschräume, Arresträume sowie den Freigangbereich und einen Vernehmungsraum der Stasi-Offiziere. Vom Hafthaus aus gelangt man in den sogenannten »Fuchsbau«, so hieß der Verbindungsgang zu den Kellerräumen, die ab 1945 durch den sowjetischen Geheimdienst (NKWD/MWD) zur Unterbringung der Untersuchungshäftlinge genutzt wurden. Alles ist so erhalten, wie es die Demonstranten am 5. Dezember 1989 bei der Besetzung vorfanden. Allein in der Dresdner MfS-Untersuchungshaftanstalt waren in den Jahren bis 1989 zwischen 12 000 und 15 000 politische Häftlinge untergebracht. Die Ahnung wandelt sich in Gewissheit.

Gegenüber der Gedenkstätte steht in der Angelikastraße 4 eine Villa, in der die Anthroposophische Gesellschaft ihren Sitz hat. Da ist nichts Schlimmes zu ahnen. Doch genau in diesem Haus, im ersten Stock, arbeitete bis zum Zusammenbruch des SED-Regimes ein Mann, der heute Russland regiert: Wladimir Putin. In dem Haus saß die KGB-Residentur, gegenüber residierte die Bezirksverwaltung des MfS. Putins Wohnung lag nur wenige Minuten entfernt in der Radeberger Straße. In dem 1983 errichteten Plattenbau bewohnte der heute mächtigste Mann Russlands mit seiner Familie eine Zweieinhalbzimmerwohnung. Im Waldschlösschenviertel lebten damals fast ausschließlich MfS-Mitarbeiter und SED-Funktionäre.

Beim Semperopernball am 16. Januar 2009 erhielt eben jener Putin von Sachsens Ministerpräsident Stanislaw Tillich den sächsischen Dankesorden. Es bleibt ein dumpfes Gefühl.

Stasi-Gedenkstätte

Bautzner Straße 112a | 01099 Dresden
Telefon 0351 6465454 | www.bautzner-strasse-dresden.de

Die Strassburg bunter Wohnkultur

An der Marschnerstraße leuchten farbige Balkons vor schönen Wohnungen. Davor fahren die gelben Straßenbahnen der DVB.

87

Die Strassburg steht über Eck. Sie leuchtet bunt, ein Fassadenstreich, der Tristheit übertüncht. Da muss Farbe her. Gelb, Orange, Grün, Blau übers Grau. Ein mutiger Akt. Die Marschnerstraße 15 bis 27 lebt so heller, frischer, ruft sich Aufmerksamkeit an die Wände. Vorn fahren die Straßenbahnen, hinten halten Autos auf dem Parkplatz Hof. Gleich hinter dem Eingang sitzt ein Concierge-Service, der gegen Zahlung auf Wunsch von Getränken bis Zeitungen alles liefert, der putzt und wäscht.

Die Strassburg steht über Eck von der Marschnerstraße zum Straßburger Platz, der ab 1951 nach dem tschechischen Schriftsteller und kommunistischen Widerstandskämpfer Julius Fučik hieß, vorher trug er seit 1898 den Namen des Oberbürgermeisters Alfred Stübel. Seit 1991 trägt der Platz den Namen der französischen Partnerstadt Dresdens, Straßburg. So wie sich der Platz in den Jahrzehnten wandelte, wandelten sich die Ansichten der Architektur und die Meinung über das Wohnen in der Stadt.

Die Strassburg steht als Symbol einer geänderten Wohnkultur und eines geänderten Wohneigentums. Denn als das Haus errichtet wurde, baute der sozialistische Staat im Akkord Wohnungen, die Kommunale Wohnungsverwaltung (KWV) der Stadt verwaltete sie. Nach 1989 übernahm die Kommune die insgesamt 168 000 der KWV, gründete die Woba. Doch weil der Dresdner Verwaltung die Schulden übers Rathaus wuchsen, entschlossen sich Finanz- und Oberbürgermeister, diesen Schatz zu verhökern. Ein Streich, der mit einem Schlag eine Milliarde Euro in die Stadtkasse spülte und Dresden als erste deutsche Stadt die Schuldenfreiheit einbrachte.

Die Strassburg zeigt mit ihren bunten Farben den Pluralismus einer Stadt. Denn die Debatte um den Verkauf der kommunalen Wohnungen trieb die Stadträte in den Streit. Besonders die Linken leiden bis heute unter ihrer Entscheidung, denn ein Teil von ihnen stimmte für die Privatisierung, was dem sozialen Grundkonzept einer linken Partei völlig widersprach. Ein Teil der Linken sei bei dieser Entscheidung korrumpiert worden mit Posten und Aufträgen, das behauptet der Sozialdemokrat und Jurist Peter Lames. Einen wirklichen Beweis lieferte er nie, aber die Vermutung kreist bis heute rund um den Stadtrat.

Die Strassburg steht als buntes Denkmal der Dresdner Wohnungspolitik über Eck. Ganz nebenbei wohnt es sich dort gar nicht schlecht. Wer es mag, mitten in der Stadt zu leben, mietet hier genau richtig.

Strassburg – Marschnerstraße

Marschnerstraße | 01307 Dresden
Telefon 0351 896914-00 | www.gagfah.de

Ein Tempel der Geborgenheit

Die Synagoge wehrt anscheinend alles ab, innen öffnet sich das Gotteshaus als einladender Ort, der Verletzlichkeit zeigt.

88

Dies ist ein stiller Ort. Mitten in der Stadt. Es ist ein sicherer Ort. Polizisten wachen über ihn. Wir sind in Deutschland. Der Ort ist die neue Dresdner Synagoge, ein Bau, der nach außen Abwehr zeigt. Gut tut es ihm auf den ersten Blick nicht.

Zwei Kuben stehen sich gegenüber, gebaut in massivem Formstein, zum Sandstein gefärbtem Beton. Die Klagemauer in Jerusalem diente als Vorbild. Der Bau verdreht sich nach oben hin, 34 Schichten übereinander bis in 24 Meter Höhe, wo das Haus sich nach Osten ausrichtet. Ein Trick der Architekten, weil die Stadtplaner der DDR auf das alte Grundstück der Juden keine Rücksicht und ihm Quadratmeter nahmen. Sie bauten die neue Carola-Brücke, die damals den Namen des sächsischen Ministerpräsidenten und Dresdner Oberbürgermeister Rudolf Friedrichs trug, sozialistisch breit. Den Religionen wurde der Platz genommen. Die Juden hielten ihre Gottesdienste in der ehemaligen Totenhalle am Jüdischen Friedhof ab.

Sie hatten es nie leicht in dieser Stadt, ihr erstes Gotteshaus stand zwar schon 1265 am Jüdenhof, am Neumarkt, dort, wo heute das Johanneum das Verkehrsmuseum beherbergt. Doch 1411 wurden auf Befehl Friedrichs des Streitbaren das Grundstück und das Vermögen der Dresdner Juden konfisziert. Die Synagoge ging in das Eigentum des Markgrafen über, er ließ das Gebäude erst als Brauhaus nutzen und später zum kurfürstlichen Stall umbauen, dann abreißen. Nur der Brunnen im Jüdenhof blieb stehen und erinnert heute noch daran.

Erst 1772 wurden private Beträume für Juden in Dresden wieder zugelassen und 1837 durfte die Gemeinde das Grundstück am Hasenberg erwerben, um 1840 wieder eine Synagoge zu errichten. Nach über 400 Jahren. Gottfried Semper entwarf das Gotteshaus im orientalischen Stil. 1938 zerstören die Nationalsozialisten die Semper-Synagoge. Nach nicht mal 100 Jahren.

Seit 2001 kann jeder diesen Ort wieder genießen. Denn auf den zweiten Blick öffnet sich zur Brühlschen Terrasse hin ein offenes Haus, mit Gemeinderäumen voller großer Fenster, groß und hell, mit Café, freundlich und koscher, mit Hof, weit und einladend, mit einer Kirche, die im Inneren durch ihre Höhe und Zartheit überrascht. Ein goldener, flirrender Vorhang umschließt die Betenden wie ein Tuch, das symbolische Stiftszelt, durchsichtig, schützend, einladend. Ein Tempel der Geborgenheit, der die Verletzungen und die Verletzlichkeit der Gemeinde zeigt. Und ihre Hoffnungen. Ein sicherer Ort. Für jeden.

Synagoge

Am Hasenberg 1 | 01067 Dresden
www.das-neue-dresden.de/synagoge

Wo aus Wahrheit Dichtung wird

Das Haus auf der Hietzigstraße kam durch Uwe Tellkamps Buch »Der Turm« zu literarischem Ruhm. Der Autor wohnt hier.

89

Literarische Orte liefert Dresden seit Jahrhunderten. Johann Wolfgang Goethe beispielsweise beschreibt in »Dichtung und Wahrheit« seine Begegnungen in der Altstadt. Jene Mischung aus Tatsachen und Fantasie gibt Rätsel auf. Und während Erich Kästner seine Wege durch die Neustadt beschreibt, Thomas Rosenlöcher ironisierend, aber bis in den letzen Grashalm genau seine Ahnungen aus dem Elbtal preisgibt, schaut Uwe Tellkamp wie Argus hinter die Zäune seiner Kindheit.

Mit den großen Augen des Sinn suchenden Jungen schlägt er sich durch die Gärten und Häuser, traut sich zaghaft, der alternden, aus der Form gegangenen, aber immer noch bezaubernden Diva den Schleier zu entreißen, um ihn gleichzeitig neu auszubreiten. Hier heißen die Häuser »Abendstern« und »Alpenrose«, »Friedenseckchen« und »Frohsinn« oder »Villa Martha«, eine wein- und efeuumrankte Welt, deren Häuserwände beklettert sind von Putten und Faunen.

Stadtführer schleppen Touristen und Dresdner auf den Hirsch, um Fragen zu stellen und stolz aufzulösen, ohne die Antworten der Gäste abzuwarten. Mit Glück sehen sie den Rätselschreiber, wie er das Gartentor des Tausendaugenhauses auf der »Planetenstraße« öffnet. Das Publikum erkennt verblüfft den Schriftsteller vor der Jugendstilvilla auf der Hietzigstraße, einem Haus als Anlageobjekt mit gut zahlenden Mietern. Oben lebt scheu der Schriftsteller mit seiner Familie. Ringsum alles saniert, frische Farben, nichts mehr übrig von den fragilen Gemäuern der 80er-Jahre, wo sich hier oben die Intelligenzia der Stadt in einer aschegrauen, aber behaglichen Melancholie eingerichtet hatte.

Beim Bäcker um die Ecke standen einst die Kunden Schlange nach dem »prächtigen und pausbackigen« Backwerk. Heute muss sich der Besitzer um Kunden mühen wie andere Bäcker auch. Ein wenig hilft der literarische Spaziergang, weil der hungrig macht. Nach dem Imbiss gehen die Turmwanderer vorbei an der »Karavelle«, einer Jugendstilvilla mit Garten, die sie als Tellkamps Elternhaus identifizieren. Es gibt das »Haus Abendstern«, wo jener Schauspieler wohnte, der Kindern das Lügen beibrachte.

Wer spüren möchte, in welche Gesellschaften sich heute Dresden spaltet, der kann das hier erfahren. Auf der einen Seite neureiche Prahler, auf der anderen ein neues Bürgertum, das es sich gemütlich einrichtet. Zwischendrin die Alten, die sich manchmal wundern, wie schnell doch aus Wahrheit Dichtung wird.

Tausendaugenhaus

Hietzigstraße 4 | 01324 Dresden

Bomätscher von der Elbe

Sandsteine befestigen das Elbufer und dienten den Treidlern als ausgebauter Pfad, um Schiffe gegen den Strom zu ziehen.

90

Die Seile schneiden sich in die Schulter oder sind um die Brust geschnürt. Manche Männer trugen Bänder, so wie Chaisenträger, die Klaviere schleppen. Nur hier hingen Schiffe dran. Als Arbeit mag die Schlepperei unvorstellbar sein, aber es gab sie und der Job nannte sich dann Treideln, wer sich das antat hieß Treidler.

Das Wort vom Treideln kommt ursprünglich vom Lateinischen tragulare, dem Schleppen oder Schleppnetz und klingt schon so, als wäre es verdammt schwer. Die Trampelpfade sind neben vielen Flüssen zu sehen, denn zu jener Zeit, als Schiffe zwar Segel und Paddel, aber keine Motoren hatten, musste der Mensch ran. Der hing dann in den Seilen. Oft sprang die Mannschaft vom Kahn, um gegen den Strom zu laufen, aber es gab auch Tiere oder Gehilfen an Land, die für ein kleines Salär mitzogen. In Sachsen hießen diese schweren Jungs Bomätscher, was weder mit ihrem Po noch mit dem Matsch auf den Wegen zu tun hatte, sondern mit dem slawischen Wort pomahac, was zu Deutsch Gehilfe heißt und von den Elbanwohnern eingesachst wurde.

An der Elbe erinnert an die Treidler der Pfad am Loschwitzer Ufer. Sandsteine stecken in der Erde. Das ist schon die ausgebaute Variante des Arbeitsweges. Denn 1815 forderte der Wiener Kongress den gezielten Ausbau der Elbe. Nach Artikel 28 hatten die damaligen sieben Elbe-Anliegerstaaten – Österreich, Sachsen, Preußen, Dänemark, Mecklenburg-Schwerin, Anhalt und Hamburg – das Fahrwasser frei zu halten und in einen guten Zustand zu versetzen. Der Krieg hatte seine Spuren an den Flüssen hinterlassen. Die Sachsen ließen sich Zeit. An der Elbe dauerte es bis 1851, bis am Loschwitzer Ufer mit dem Neubau des Deckwerks begonnen wurde. In 15-jähriger Bauzeit befestigten entlang der Elbe Arbeiter das Ufer.

Über die Jahre wuchs der Pfad zu, aber Enthusiasten, die an der Elbe wohnen, grasten ihn ab, legten ihn frei. Für Fußgänger ein schöner Weg, um nah am Wasser zu sein. Wer ihn verlässt, kommt schnell ans Wasser. Dann nimmt man am besten einen flachen Stein und schmeißt ihn flach übers Wasser. Er muss springen, nur leicht ins Nass ditschen und kleine Kreise hinterlassen. Wer die meisten schafft, der hat gewonnen. Ditschen ist genauso schön sächsisch wie Bomätscher. Eigentlich ditscht der Sachse den Kuchen in den Kaffee. Dann kann er den richtig weech neinschmatzen. Das Leben ist schwer genug. Nicht jeder hat die Kraft eines Treidlers und mag Schiffe durch die Elbe ziehen.

Treidelpfad

von Loschwitz nach Pillnitz (01326 Dresden)
Telefon 0351 2689422 | www.ortsverein-loschwitz-wachwitz.de

Hier kriegt der Dresdner Höhe

Die Straße im Schönfelder Hochland führt vom Borsberg zum Triebenberg. Der Gipfel des Borsbergs sieht ramponiert aus.

91

Wer aufsteigen will, muss aus dem Elbtal raus in Richtung Borsberg. Das geht zum einen über Pillnitz, steil nach oben, oder über Weißig, langsam aufwärts. Sanft hügelt es dort und steigt auf 382 Meter. Der Triebenberg ist der höchste Dresdner Berg, mit einer Aussicht in die Sächsische Schweiz und ins Elbtal. Auf der Kuppe richteten es sich Wissenschaftler ein. Schon der Name flößt Respekt ein: Institut für Strukturphysik, Speziallabor für Höchstauflösungselektronenmikroskope und Holografie. Der Zaun lässt Vermutungen freien Raum. Forschen lässt es sich hier ohne jeden Zweifel wunderbar, denn nur gelegentlich stört ein Wanderer.

Der Höhenzug des Schönfelder Hochlandes führt von dort entweder nach Schullwitz, nach Reitzendorf mit Bauernmuseum oder in Richtung Borsberg. Borsberg gibt es zwei Mal. Den Ort, eine Wohnecke für Ruhe suchende Dresdner, ein Dorf mit Platz, endlosen Wiesen, ländlich und Blick hinab in das Elbtal. Dass dort unten Schloss Pillnitz liegt, kann hier oben keiner ahnen, hier kuht es vor sich hin. Wäre da nicht die kleine, niedliche Siedlung der in den 90er-Jahren gebauten Einfamilienhäuser, würde kein Hahn nach dem Nest schreien.

Die eigentliche Attraktion liegt oberhalb: Der Berg. 362 Meter hoch. 1865 setzte ein Obelisk die Höhe fest, mitteleuropäische Gradmessung auf der Station Porsberg. Das waren harte Zeiten, doch der Sachse hat seinen Berg weech gekloppt, so blieb der Borsberg. Dem Begründer der »Königlich Sächsischen Triangulirung«, Christian August Nagel, stiftete das Landesvermessungsamt 2003 eine Ehrentafel. Darüber fällt der Aussichtsturm ein, ein Holztrümmerberg, eine Schande, der alte Gasthof gammelt vor sich hin. Eines der schönsten Ausflugsziele in miserabler Verfassung, gerade so, als wäre ein Orkan darüber gefegt.

Hier gehen traumhafte Wege ab zum Helfenberg, weiter nach Bühlau sind es neun, über Graupa nach Birkwitz acht Kilometer, es führt ein Jagdweg durch den Wald, ein ideales Wanderland. Es läuft sich leicht über den Boden, zwischen Triebenberg und Borsberg scheint das Land ganz und gar ein einiges Dorf. Wer hätte gedacht, dass Dresden einen echten Gebirgskamm besitzt, hier liegt er sanft, irgendwie vergessen, als würden die eingemeindeten Dörfer nicht dazugehören. Nur jene, die hier wohnen, genießen den Zustand städtischer Abgeschiedenheit, denn in wenigen Minuten sind sie dort, wo alles stattfindet. Ein idealer Ort für Ruhe, zum Luftholen, ein Luftkurberg.

Triebenberg und Borsberg

Bühlauer Straße 9 | 01328 Dresden

Ein Weg aus der Geschichte

Springbrunnen in der Trompetergasse lassen angenehme Atmosphäre aufkommen. Die Gasse ist wiederbelebte Historie.

92

Diese Trompetergasse verschwand beim Wiederaufbau der Stadt nach 1945. Das Centrum-Warenhaus versperrte den alten Weg zwischen Dippoldiswalder und Ferdinandplatz. Wirklich vermisst hat die alte Straße niemand.

Doch die historische Gassenstruktur lebte mit dem Ausbau der Prager Straße langsam wieder auf. Als in den 1990er-Jahren das Karstadt-Kaufhaus und das Wöhrl-Haus entstanden, legten die Stadtplaner das Vorkriegsraster zwischen die Neubauten. Der Weg vom Ferdinandplatz aus existierte wieder, verlor sich aber, weil die alte Struktur durch das Centrum überbaut war. Wirklich schlimm fand das keiner.

Das Centrum-Warenhaus bildete den Nordwestabschluss der Neubebauung der Prager Straße, eine kompakte Erscheinung mit den legendären Waben als plastischer Gestaltung der Fassaden. Die eloxierten Aluminiumelemente funkelten im Licht. Die Gitterstruktur dieser rhomboiden Leichtbauelemente gaben dem Kubus sein markant-kristallines Gepräge. Hatte Leipzig seine Blechbüchse und Berlin sein Aluwarenhaus, so stand in Dresden der Metallkristall. Ein einmaliges Gebäude, das noch heute verblüffen würde. Trotz seiner architektonisch markanten Fassade hielt das Gebäude im Innern den modernen Anforderungen eines Kaufhauses der Zukunft nicht mehr stand. Einen Umbau lehnten die Investoren ab, sie wollten einen Neubau, der als Kompromiss die Waben zitiert. Das alte Centrum fiel im Sommer 2007 der Abrissbirne zum Opfer, die Centrum-Galerie entstand.

Jetzt kam auch die Chance für die Trompetergasse, zwischen dem Neuen Shoppingcenter läuft der Weg wieder wie einst durchgängig zum Dippoldiswalder Platz, jetzt überdacht, aber dennoch zugig, links und rechts Läden. Die Gasse wirkt oft verlassen, weil an ihrem Ende kein Ziel steht. Sie läuft am Dippser Platz ins Leere. Nicht jede Wiederbelebung historischer Strukturen hat einen Sinn.

Neben ihr erhebt sich die Centrum-Galerie, die schwere Zeiten durchlebt. In der Mitte überwiegt verschwenderische Größe, Rolltreppen überwinden drei Etagen und vermitteln endlose Weite, weite Wege. Der Mensch aber wünscht sich immer noch das Gefühl von Geborgenheit. Die Trompetergasse bietet diese Enge, ganz im Gegensatz zum Inneren der Einkaufsgalerie, der Gemütlichkeit fehlt. In der Centrum-Galerie kann sich der Kunde verlaufen. Wer sich wieder finden oder mit anderen treffen will, der verabredet sich am besten in der Trompetergasse. Die findet sich immer.

Trompetergasse

Prager Straße | 01069 Dresden
www.centrumgalerie.de

Der Schatz im Heidesee

Enten genießen das Wasser des kleinen Sees in der Heide. Für Wanderer und Fahrradfahrer ein lohnendes Ziel mitten im Wald.

93

Die Wege gehen parallel kreuz und quer. Der Versuch, diesen Wald schnell zu begreifen, scheitert. Dies ist ein Blätterlabyrinth, verwunschen wie Elfenland. Mücken tanzen Glühwürmchenrap im Sonnenlicht, Wildschweine suhlen sich in Kuhlen, Pferde tragen ihre Reiter über die Pfade, Radler kreuzen die Schmalspuren, Hunde kläffen Stämme an, Jogger laufen davon, Tropfen rinnen voraus. Die Lunge von Dresden atmet kraftreich. Die Heide ist der größte Stadtwald Deutschlands.

In den Adern fließt das Wasser der Prießnitz. Sie schneidet sich stellenweise bis zu 40 Meter tief in den Waldboden, der hier Prießnitzgrund heißt, fällt weiter hinten nach unten, trieb einst Mühlräder an und wird an zwei Stellen zu Tümpeln gestaut. Ihr Wasser speiste das Waldbad Klotzsche, das jetzt trocken liegt und als Kletterpark genutzt wird. Kein schlechtes Erbe für ein Freibad, das mit den modernen Rutschspaßpools nicht mehr mithalten konnte.

Das Wasser treibt in dem Hain seinen Schabernack, quillt auf und versickert in dem Sandboden. Moos füllt sich plötzlich, liegt wieder verdorrt, als habe es die Wüste gesehen. Irgendwo finden sich Seen, der Silbersee bei Klotzsche oder der Ullersdorfer Stausee. Ein kleiner Teich, der vor dem Zweiten Weltkrieg angelegt wurde, der Haarweidebach gibt dafür sein Wasser. Es landen hier an Wochenenden sämtliche Luftschnapper, sie überredeten zudem Kinder mitzukommen, um am und im See Schätze zu sammeln, die längst alle gefunden wären, hätte es sie gegeben. Zum Schutz der Schatzsucher bauten Mitarbeiter des Forstes 2009 eine Holzhütte, stellten Tische und Bänke davor. Es wirkt wie der Pausenplatz für Goldsucher. So stellen sich Stadtromantiker ihren Wochenendausflug vor.

Montagfrüh trifft sich keiner hier. Höchstens ein Hundebesitzer mit viel Zeit geht eine große Gassirunde. Im Frühjahr oder Herbst dampft über dem Teichspiegel der Nebel. Rundum 50 Quadratkilometer Wald. Bis Ende des 19. Jahrhunderts wuchs die Heide noch über die Albertstadt bis in die Äußere Neustadt. Die gab es damals noch nicht, aber das Holz musste ihnen weichen, denn jetzt wuchs die Stadt über sich hinaus. Der Wald musste sich zurückziehen, blieb dennoch ein schönes Stück zum Wandern und der Forst forstet fleißig auf. Hier wird mit Holz gehandelt und der schönste Baum darf zu Weihnachten auf den Striezelmarkt. Da sind Seen zugefroren, bei langer Kälte laufen die Kinder über den Ullersdorfer Stausee. Es würde niemanden wundern, träte die Eiskönigin auf die Lichtung.

Ullersdorfer Stausee

01454 Ullersdorf
www.dresdner-stadtteile.de

Technikpool für Menschenreparatur

Das Haus 59 im Uniklinikum beherbergt das Operative Zentrum. Besucher benötigen zur Orientierung einen Klinikstadtplan.

94

Früher hieß das Krankenhaus Medizinische Akademie. Seit den 1990er-Jahren heißt es Universitätsklinik und dennoch sagen viele Dresdner einfach »Medak«. Nach wie vor arbeiten und lehren hier die besten Fachärzte Dresdens. Wenn in einer Praxis ein Mediziner nicht weiterkommt, dann wird der Patient in die Uniklinik überwiesen, denn hier investierte der Freistaat in den vergangenen Jahren so kräftig, dass die modernsten Spezialgeräte vorhanden sind. Ein Technikpool für Menschenreparatur, ein Hospitalzentrum mit 21 Fachkliniken, acht interdisziplinären Zentren und drei Instituten. Ein Stadtteil mit 1 255 Betten und 135 Tagesplätzen, 700 Ärzten und 1 600 Schwestern und Pflegern. Über 317 000 Patienten lassen sich pro Jahr hier behandeln.

Wer hier seine Station sucht, der braucht einen Klinikstadtplan, denn die Hausnummern reichen von 1 bis 111. Die 59 liegt unweit der Pfotenhauerstraße und beherbergt das Operative Zentrum, hier melden sich all jene zur Untersuchung, die von außen kommen. Ein wenig geht es an dem Anmeldetresen zu wie in der Fernsehserie Emergency Room. Wer bisher glaubte, die Amerikaner denken sich die Szenen nur aus, der braucht nur mal eine Stunde in der Notaufnahme der Klinik zuzuschauen und kann danach selbst einen Teil schreiben. Beschaulichkeit war gestern.

Die Gründung der Klinik geht auf das Collegium medico chirurgicum zurück, das 1748 gegründet wurde, um Militärchirurgen und Wundärzten medizinische Grundkenntnisse zu vermitteln. Im Jahr 1815 stiftete König Friedrich August I. die Chirurgisch-Medicinische Akademie, an der Carl Gustav Carus, der Namensgeber der Uniklinik, bis 1864 als Professor für Geburtshilfe lehrte. 1901 eröffnete das Stadtkrankenhaus Dresden-Johannstadt mit den Abteilungen Chirurgie, Innere Medizin, Augen- und Frauenheilkunde. 1954 wird im Johannstädter Krankenhaus die Medizinische Akademie gegründet und 1993 übernimmt der Freistaat Sachsen die Klinik.

Seitdem stehen auf dem Gelände Kräne, immer neue Gebäude kamen hinzu, alte wurden abgerissen und erneuert. Wer Fortschritt in den neuen Bundesländern sehen will, der muss hierher fahren. Wer sehen will, ob die Millionen für das Gesundheitswesen in Deutschland gut angelegt sind, der kann sich hier davon überzeugen. Diese Klinik ist eine Bank, die Zinsen heißen Gesundheit.

59

Edelste Karossen im königlichen Stall

Der Pilot wurde einst in Dresden hergestellt und gehört zu der spektakulären Sammlung des Verkehrsmuseums Dresden.

95

Ganz hinten in der Ecke steht sie. Schwarz, lang, weiche Linie, bequem. Eine Limousine aus den Träumen eines Mannes. Der EMW 340. Nach dem Krieg chauffierten Taxifahrer stolz Dresdner und Gäste durch die Stadt. Der Wagen, der im Verkehrsmuseum steht, ist das letzte EMW-Taxi, das durch Dresdens Straßen fuhr.

Von solchen Unikaten steckt das Haus voll und besitzt Karossen, die nicht einmal Automobilkonzerne wie BMW ihr Eigen nennen. Beispielsweise den BMW AM1, ein Uraltmodell, einst produziert in Eisenach. Und da schließt sich der Kreis, denn der EMW stammt aus demselben Werk. Die Bayerischen Motorenwerke bauten vor dem Krieg einen Großteil ihrer Autos in Eisenach. Da aber dieser Teil Deutschlands nach 1945 den Sowjets zugeschlagen wurde, zog sich BMW zurück, die Produktion ging weiter, es kam zum Streit und die Autos aus Thüringen hießen nach dem Gerichtsurteil EMW, Eisenacher Motorenwerke. All das lernt der Besucher des Verkehrsmuseums.

Er lernt auch, dass in Dresden schon immer feine Autos hergestellt wurden. Der Pilot 6/30 aus dem Jahre 1926 beispielsweise. Produziert wurde der Wagen in Bannewitz, wo ein Unternehmen saß, das Karosserien für die Sächsische Waggonfabrik in Werdau baute. Das Museumsstück ist einmalig, denn es besitzt eine Karosserie der Dresdner Firma »Gläser«. Nur zwei Stück des Typs Pilot 6/30 existieren überhaupt noch. Und einen Phaeton gab es längst, bevor Volkswagen die Gläserne Manufaktur errichtete. Denn Phaeton nannte sich eine Fahrzeugklasse, Limousine mit Verdeck. Schon wieder etwas gelernt.

Wer sich auf den Weg durch die Halle des Museums einlässt, wird garantiert als Fan eines der Fahrzeuge nach Hause fahren. Denn hier stehen neben den Pionieren der Autoindustrie, vor allem im Osten Deutschlands, Pferdebusse, Straßenbahnen, Eisenbahnen, Schiffsmodelle, Flugzeuge wie die Libelle von Hans Grade und eine Modelleisenbahn. Außerdem können sich Kinder in der ersten Etage so richtig austoben und zugleich viel über die Geschichte des Verkehrs lernen.

Das Gebäude des Verkehrsmuseums ist ebenfalls ein Museumsstück, denn es existiert bereits seit über 400 Jahren. Das heute denkmalgeschützte Renaissancegebäude von 1586 ist seit seiner Entstehung mit dem Verkehr verbunden. Kurfürst Christian I. ließ das Residenzschloss in den Jahren 1586 bis 1591 erweitern. Das neue Johanneum diente als Stall für Pferde und Garage für die Kutschen.

Verkehrsmuseum

Augustusstraße 1 | 01067 Dresden
Telefon 0351 8644-0 | www.verkehrsmuseum-dresden.de

Futuristische Autowelt

Kosmisch wirkt die Gläserne Manufaktur. Hier werden Autos hergestellt und finden Tagungen, Konzerte und Partys statt.

96

Was verbindet Ina Müller, Jan Delay, Udo Lindenberg, Barbara Schöneberger, Axel Schulz, Walther Sittler, David Garrett, Helma Orosz, Norbert Blüm, Gerhard Schröder, Ferdinand Piëch, Lang Lang, Hélène Grimaud, Dominique Horwitz und die Musiker der Staatskapelle?

Sie verbindet eine Autofabrik. Die nobelste Dresdens, die sich nie Fabrik nennt, sondern als Manufaktur firmiert, Gläserne Manufaktur. Alle waren sie schon hier, um zu singen, zu moderieren, zu spielen oder eine der Nobelkarossen abzuholen. Ex-Bundeskanzler Schröder drückte hier mit seinem Volkswagenkumpel Piëch den roten Knopf, damit die Autoschmiede ihre Produktion starten konnte. Das war im Dezember 2001.

Neun Jahre später empfingen Sängerin Ina Müller, Rapper Jan Delay und die Kappellenmusiker jene Volkswagenbesitzer, die ihre Phaetons vor die Fabrik steuerten. Kundenparty war angesagt, wie jedes Jahr. Die Nachbarn staunen aus ihren Plattenwohnungen, wer sich so alles in Deutschland die Nobelkarosse leisten kann. Denn obwohl Boxer Axel Schulz oder Panikmusiker Udo Lindenberg ihre Schlitten persönlich in der Gläsernen Manufaktur abholten, sind sie nicht wirklich typisch für Phaeton-Fahrer. Ihre Anwesenheit ist mobiles Marketing. Eine exklusive Adresse benötigt exklusives Publikum. Das sagte sich auch Dresdens Oberbürgermeisterin Helma Orosz und ließ sich als Volksvertreterin überreden, den Volkswagen zu fahren.

Die Manufaktur ist für Dresden ein Gewinn, denn sie zieht vermögendes Publikum, bringt Kultur und Arbeitsplätze. Zudem gelang dem Münchner Architekten Gunter Henn ein verblüffender Fabrikneubau, der dem automobilen Anspruch der Erlebnisfabrik gerecht wird. Dass die Produktionsstätte jedoch direkt am Großen Garten steht, sorgte unter den Dresdnern für Unmut. Eine Bürgerinitiative sammelte 17 600 Unterschriften gegen den Bau der Manufaktur. Zu wenig, um einen Bürgerentscheid zu erzwingen. Mitte 1999 erfolgte die Grundsteinlegung.

Heute scheinen alle Gegenargumente vom Tisch, die Manufaktur fügt sich ein, es gibt Wiesen, einen See und noch kein Vogel fand an der Fassade den Tod. Der Straßburger Platz selbst hat durch die neue Autowelt gewonnen. Der Rummel, der viele Jahre hier residierte, zog um. Neuen Rummel gibt es jetzt, wenn der Phaeton geliftet wird oder wenn Prominente mal wieder mobil machen.

VW-Manufaktur

Lennéstraße 1 | 01069 Dresden
Telefon 01805 896268 | www.glaesernemanufaktur.de

Die schönste Art, sich zu betrinken

Über 850 Jahre wird Wein in Dresden angebaut. Eines der Güter steht in Pesterwitz, wo Gäste den edlen Tropfen verkosten können.

97

Sachsen schenken ihren Wein seit 850 Jahren Gästen und sich selbst ein. Vermutlich brachten fränkische Siedler die Reben mit, erste Versuche im Leipziger Land schlugen fehl, wen wundert das. Aber an den sonnigen Elbhängen gedieh die Pflanze prächtig. Wein gehörte zum kirchlichen Alltag wie das Wasser zur Predigt, denn der alkoholisierte Saft diente zum einen als Trunk fürs Abendmahl und zum anderen als Desinfektionsmittel in Hospitälern. Daraus entwickelte sich ein ertragreicher Wirtschaftszweig. Die Blüte des sächsischen Weinbaus dauerte bis in die zweite Hälfte des 17. Jahrhunderts. Misswuchs, Frost, Kriege, neue Zölle erschwerten die Ernte und den Handel.

Mit der Gründung der »Sächsischen Weinbaugesellschaft« 1799 gab es einen neuen Aufschwung, auf 1636 Hektar arbeiteten damals in 159 Orten in Sachsen über 8 000 Menschen im Weinbau. Doch ein bisher unbekannter Feind zwang die Weinbauern in die Knie: die Reblaus, die erstmals 1888 in Lößnitz entdeckt wurde. Nach der Jahrhundertwende bauten Bauern nur noch auf 60 Hektar Wein an, die anderen Weinberge verwilderten. 1920 gab es erste Versuche, Hänge wieder aufzureben. Ein langsamer Prozess, den vor allem Hobbywinzer ab den 1950er-Jahren wieder intensiver betrieben. Bekannt sind natürlich die Weine aus Meißen, kleinere Felder wie am Schloss Albrechtsberg entstanden ab 1987 neu, Dinglingers Weinberg trägt seit 2001 wieder Rebstöcke und auch der einst königliche Weinberg in Pillnitz erlebte in den vergangenen Jahren durch eine Weinbaugemeinschaft von 80 Winzern einen Aufschwung.

Ein Wein, der am Rande Dresdens an der Grenze zu Freital gezogen wird, fließt ausgesprochen schmackhaft durch die Kehle. Angebaut wird er auf einer idyllischen Bergkette zwischen Elbtal und Erzgebirge in Pesterwitz. Seit 1552 ist hier auf dem tiefgründigen Lößboden mit Urgestein Weinbau nachweisbar. Neben der Kirche, den Fachwerkhäusern und dem alten Rittergut reifen die Trauben auf 8,4 Hektar. Dornfelder, Müller-Thurgau, Riesling, Weißburgunder wachsen hier zwischen 50 Hektar Obst. Eine überraschend fruchtbare Ecke Landwirtschaft und ein Gut mit rustikalem Bauernmarkt.

Im Gewölbe des Weinhauses richten die Bauern köstliche Speisen an und der Wein kann verkostet werden. Im August öffnet das Gut zum Tag der offenen Tür, im September findet das große Weinfest statt. Köstlich.

Wo Wölfe um die Wette jaulen

216 Meter hoch ist die Wolfshügelschanze, auf der ein Kentaur das Fundament eines Aussichtsturmes bewacht.

98

Die Folgen des Aufstiegs spürt der Spaziergänger am nächsten Tag in den Oberschenkeln. Die Heide geht auf und ab wie das Leben. Der geübte Wanderer kommt mit der Straßenbahn, Linie 11, denn für Autos gibt es nicht viel Platz am Rande der Heide. An der Mordgrundbrücke lässt eine Einfahrt ein wenig Parkraum. Von dort läuft es sich am besten am Steinbruch vorbei Richtung Diebssteig immer tiefer in den Wald, dann nach oben, abenteuerlich steil.

Über dem Steinbruch öffnet sich der Wald und ein Blick über die Stadt entschädigt für den mühevollen Aufstieg. Napoleonschanze heißt der Aussichtspunkt, befestigt 1813 während der Befreiungskriege.

Doch das nächste Ziel lockt schon. 216 Meter hoch liegt der Wolfshügel zwischen Radeberger und Bautzner Straße in der Heide. Er will erobert werden. Den Weißiger Gänsefußweg entlang, das Fensterchen und Hämmerchen querend, dann hoch und endlich: Hier müssen sie gestanden haben, die Wölfe, gejault haben sie und der Mond schaute zu. Der Wolfshügel erhielt seinen Namen, weil sich hier ein »Wolfsgarten« für die kurfürstlichen Jagden befand.

Ein Fundament lässt Großes ahnen. Ja, hier stand ein Aussichtsturm. Der Wald rundum heißt König-Albert-Park, weil das 118 Hektar große Waldstück 1899 mit Mitteln aus der König-Albert-Stiftung von der Stadt erworben und gestaltet wurde. Im 19. Jahrhundert öffnete die Stadt das Gelände, 1886 wurde auf dem Berg ein hölzernes Aussichtsgerüst errichtet.

Einem Dresdner Stadtrat genügte das Holz nicht, er beantragte einen steinernen Aussichtsturm und 1912 bekam er ihn. Stadtarchitekt Hans Erlwein plante den Steinturm zehn Meter hoch. Auf einem als Lagerraum genutzten Unterbau erhob sich der eigentliche Turm. Zwölf Säulen trugen ihn, dazwischen verlief im Inneren an Bogenfenstern vorbei eine spiralförmige Treppe zum Aussichtsrondell unter der kupfergedeckten Turmhaube. 120 000 Mark zahlte die Stadt damals dafür.

Bis 1945 schlenderten hier die Dresdner her, um ihre Stadt zu sehen. Ähnlich wie an der Babisnauer Pappel gleicht die Stadt von hier einer Eisenbahnplatte in der guten Stube. Doch offensichtlich bildete dieser Turm eine strategische Besonderheit, denn noch in den letzten Kriegstagen des Jahres 1945 rissen Soldaten der Wehrmacht den Turm ab. Nur das Fundament blieb. Einen Wiederaufbau scheute die Stadt bis heute, sollte das aber unbedingt überdenken.

Wolfshügelschanze

Dresdner Heide zwischen Radeberger und Bautzner Straße
www.dresdner-stadtteile.de

Fröhlicher Grund zum Feiern

Der Mühlstein vor der Zschoner Mühle deutet auf deren einstige Bestimmung hin. Heute wird hier gegessen und gespielt.

99

Der bekannteste Hofnarr Sachsens war weder ein Sachse noch ein Narr. Joseph Fröhlich kam aus der Steiermark und arbeitete als Mühlenhandwerker. Er reparierte kaputte Mühlen. So kam er rum, lernte Frauen kennen und verzauberte sie mit seinen Tricks und Sprüchen. Eines Tages landete er in Sachsen. Von Fröhlichs Unterhaltungstalent hörte auch August der Starke, holte ihn an seinen Hof, wo der Müllerbursche als neckischer Berater Karriere machte.

Dennoch schaute er sich die sächsischen Mühlen an und kam vermutlich auch an der Zschoner vorbei. Die klapperte sechs Kilometer vom Residenzschloss entfernt seit Anfang des 15. Jahrhunderts am rauschenden Bach. Bis 1812 besaß Familie Götze die Wassermühle, dann ging sie in den Besitz der Kunzes über, die bis 1917 den Mahlbetrieb unterhielt und danach mit einer Gastwirtschaft ihren Lebensunterhalt verdiente. Das funktionierte bis 1950, dann verfiel das Anwesen langsam. Dem idyllischen Ort im heutigen Landschaftsschutzgebiet des Zschonergrundes drohte das Ende. 1985 kaufte Thomas Winkler die Fachwerkhäuser, wollte Wohnungen schaffen und begann, den Ausschank wieder zu beleben.

Heute glaubt keiner mehr, wie runtergekommen die Häuser und Scheunen waren, dass die hölzernen Wasserräder verfault am Boden lagen. Alles entstand wieder, das damals größte funktionstüchtige Wasserrad wurde 1991 eingebaut, 1994 die Scheune abgerissen und originalgetreu wiederhergestellt. Eine Bühne für ein Puppentheater entstand. Hier spielt regelmäßig das Puppentheater Böhmel, gelegentlich lassen auch die Mitglieder des traditionellen Marionettentheaters Dombrowsky ihre Puppen tanzen. Zum größten Vergnügen der kleinen Kinder versemmelt dann der Kasper das Krokodil oder der Kasper fängt den Schweinedieb.

Draußen sitzen derweil die Eltern im schattigen Hof, trinken ihr Bier, essen leckere Speisen oder schauen sich das Mühlenmuseum an. Wie Hofnarr Fröhlich reißen die Nachfolger deftige Späße. Ganz Mutige duschen unterm Mühlrad oder werfen mit Eimern, um Weltrekorde aufzustellen. Eine feine Art der Unterhaltung. Am schönsten jedoch sitzt es sich in den romantischen Gasträumen. Dann scheint die Welt in Ordnung, ganz so wie vor Hunderten von Jahren, als die Geschichte der Zschoner Mühle begann und sich die Narren das Maul über die Ohnmacht der Mächtigen zerrissen. Klappern gehört schließlich zum Handwerk, wusste schon der alte Hofnarr Fröhlich.

Zschoner Mühle

Zschonergrund 2 | 01156 Dresden
Telefon 0351 4210257 | www.zschoner-muehle.de

Hier muss ich gewesen sein

Die 99 Dresdner Orte, muss man unbedingt besuchen. Um die Übersicht zu behalten, können Sie hier ankreuzen, wo Sie waren.

Der Autor und der Fotograf

Foto © Amac Garbe

Dr. Peter Ufer

Am 19. Januar 1964 in Dresden geboren. | 1982 Abitur, danach Lehre als Schriftsetzer 1984 bis 1990 Studium in Leipzig, Arbeit als wissenschaftlicher Assistent. | 1990 Gründung der Südthüringer Zeitung. | Seit 1993 Redakteur bei der Sächsischen Zeitung. | 1995 Verteidigung der Dissertation an der Universität Leipzig. | 1996 Gründung des SZ-Veranstaltungsmagazins PLUSZ. | Ab 1997 Ressortleiter Kultur der SZ. | 1999 Gründung des Dresdner Ausgehmagazins Augusto. | 2003 Redaktionsleiter der Sächsischen Zeitung am Sonntag. | 2005 leitender Redakteur für die Ausgabe Dresden der SZ. | 2006 entsteht gemeinsam mit Dirk Syndram das Buch »Die Rückkehr des Dresdner Schlosses«. | 2007 schreibt Ufer gemeinsam mit Tom Pauls die satirische Biografie »Das wahre Leben der Ilse Bähnert«. | 2008 erscheint in Zusammenarbeit mit Ulrich Pietsch das Buch »Mythos Meissen, das erste Porzellan Europas«. | 2008 bis 2010 erscheinen drei Bände des Buches »Rettet uns den Gogelmosch – das Wörterbuch der Sachsen«. | Seit 2010 Mitarbeit am Tom-Pauls-Theater. | Seit 2011 SZ-Autor und freischaffender Journalist.

Jörg-R. Oesen

Am 16. Februar 1948 in Pritzwalk (Brandenburg) geboren. | Von 1965 bis 1967 Abschluss der Lehre als Repro-Fotograf im Grafischen Großbetrieb in Dresden. Anschließend Festangestellter in einer Druckerei bis 1970. | Von 1970 bis 1975 Direktstudium an der Leipziger Hochschule für Grafik und Buchkunst, mit dem Diplom als Fotografiker abgeschlossen. | Während des Studiums ab 1971 Zulassung für eine freischaffende journalistische Tätigkeit. Mitarbeit für die Leipziger Abendzeitung und den Kupferbergbau im Mansfelder Land. | Seit 1975 als freier Fotograf für Unternehmen, Werbeagenturen, Verlage und Grafiker bis heute tätig. | Nach 1989 Fotoreisen in eigener Regie in verschiedene Länder Europas und Amerika. Beteiligung an zahlreichen in-und ausländischen Fotowettbewerben und Ausstellungen. Ausgezeichnet mit Preisen, Medaillen und Diplomen. Unter anderem mit dem Sonderpreis der Interpress in Berlin und dem internationalen Kodakpreis für Bild-Kalender in Stuttgart. | Letzte eigene Ausstellung 2007 im Deutschen Werkbund e. V. in Hellerau am Festspielhaus und in der Berufsakademie Dresden-Klotzsche.